乳幼児保育と子育て支援

〈改訂版〉

千葉千恵美

Chiba Chiemi

風詠社

装幀　2DAY

はじめに

　私が初めて公立の保育士として勤務した時から40年の月日が流れました。現在、大学教員になって33年。2006（平成18）年に本書の初版となる、この書籍を記述しました。当時は大学の准教授になったばかりで、これからの方向性を思案していた時代です。再び手にした時、感慨深いものがありました。その後、多くの卒業生が保育者として勤務するようになり、第二版の企画をいただき、これまで走り続けた自分を振り返るよい機会が得られたように思います。20代の頃は右も左も分からない状況でした。公立保育所保育士を出発点に、ご縁があり大学院に入り直し、大学の助手から大学教員としての人生が始まりました。専門学校の講師、保育系短大の講師、助教授（現在准教授）、保育系短大教授、保育系大学教授、そして現大学の修士課程、博士課程を教える立場になり、月日の流れの速さと、これまでの教育現場で出会った出来事が走馬灯のように思い出されます。その間に両親との死別、娘の結婚があり、子育てに孤軍奮闘し、家族に支えられながら、この仕事を続けてこられたように思います。両親は私のやることを遠目で応援してくれていました。父親は13年前、母親は3年前に平均寿命を全うして他界しましたが、父親と母親が私の傍で応援しているように思うことがあります。昨年娘に子どもが生まれ、祖父母と孫との関係性を保育教育でも意識するようになりました。

　経験を積むと保育の視点や捉え方も変化してきます。しかし保育そのものの捉え方においては、変わりなく1つの信念を通してきたように思います。

　0歳児のあかちゃんの出会いからどのように親子の関係性をつくっていくか、つまり親子の絆への支援が私の信念です。

　日本の社会では児童虐待死亡が減らない状況が続いています。母親に心身の障害がある場合や、子どもに発達課題がある時の親子関係を考えていくことが必要であると思います。保育者という立場で母親をどのように支えていくか。親支援を大切にできる保育者をこれからも育てていきたいと思っています。

もくじ

第1章

子どもの心を理解する

　子どもの心の発達を理解することが、保育者には必要になります。それではどのように子ども達の心を発達させるのかをもう一度整理してみましょう。

　この章では児童精神医学、発達心理学、家族の視点からの子どもの心の成長についてわかりやすく説明をします。

I　誕生そして新たな世界との出会い

　新生児としてこの世に生まれ、産声を上げた時が誕生であり、その時が新たな世界との出会いになります。生まれたばかりの子どもは、泣くことによって人との大切な関係を築きます。生まれたばかりの子どもはこのように泣くことで、思いを伝え、そして生き続けていく本能的な力を持っています。

1) 泣くことの意味

　子どもが泣くことによって皆さんはどのような感情を持ちますか？ 子どもの泣き声がうるさいと思う人、なぜ泣いているのかと思う人、きっと何かあって泣いているのだろうと思う人、それぞれ様々にいろんな感情を抱くと思います。泣くという行為は本来、人間にとって自然な行為であり、親達も子どもが泣くことに対して自然に対応できていたと思います。ところが、現在の親達の中には、子どもが泣くことに上手に対応できない人達が増えています。なぜでしょうか、それは「泣く」という行為は子どもの生理的欲求を表すからです。お腹がすいた時に子どもは泣いて訴えます。食べなければ死んでしまうからです。また排せつによる不快感を訴える手段にもなっています。不潔な状態は子ども達を病気にさせてしまうからです。子どもが泣くことはこのようにいろんな意味を含んでおり、子どもの生理的要求の表れであり、大切なメッセージであり言葉なのです。親は、子どもの泣く声を聞き、子どもを抱き上げ、そして声を掛けます。また子どもをあやして子どもの要求に応えていきます。ハロー（Harlow、F.K）は、新生児を含む乳児の発達欲求とし

ての生理的要求を重要視しています。この生理的欲求が養育者によって満たされることが心の安定に重要であると述べています。さらに彼は、食べ物や身体を保温するための「温かさ」が親から新生児に無条件で与えられることが大切であるとしています。

　新生児の場合、生理的欲求からくる「泣くこと」は生命維持において、欠くことのできない行動になります。子どもが「泣くこと」に対して耐えられない親が増えてきていますが、そうした親達は子どもの側に立って、子ども達の心の状況を察するより前に、自分の不快感やイライラ、不安感が先行してしまう傾向があります。この時湧いてくる感情が虐待や放置（ネグレクト）に、結びつくことになります。「泣くこと」の意味をもう一度、私達は考え直す必要があります。

2）見ること　聞くことの意味

　皆さんが出会う母親達は、子どもに視線を向けて話しかけていますか。母親が子どもを見て話しかけるという行動が子どもの心の発達にはとても大切になるからです。

　新生児は出生直後より視覚機能（eye contact）を備えており、母親の授乳の際、じっと母親の顔を見つめていることがあります。母親の顔は 30cm ～ 40cm 程度の範囲で見えています。しかも人の顔の中心を見つめています。さらに養育者や母親の眼差しと語りかけにも応じる能力が備わっており、母親の語りにじっと耳を傾け聞き入り、話しかけに応じようとして口元を動かし、手足を動かして応えようとする特徴も備えています。

　この時期の母親の話しかける言葉のトーンには特徴があり、ゆっくりとしかも語尾をあげ、子どもへの問いかけを行い、子どもからの応答ができるような促しを無意識に行っています。このような親の持つ声のトーンは子どもの発達や母親にも重要な影響を及ぼすと考えています。親が子どものことを「見つめ、話しかけてあげる」という自然な態度は子どもの心の発達にとても大切になります。

Ⅱ　愛着行動と母親・乳児の相互作用

　子どもの心の発達に重要な役割を担うのが愛着（アタッチメント：Attachment）です。愛着形成の初段階としては、特定の人物との間に情愛的な絆を結ぶことが重要になります。

　特定の養育者つまり、「母親や保育者」などの養育者との間に愛情の絆や心の絆が形成されることで、この絆つくりが後の子どもの心の発達にはとても重要な人間関係の基礎作

りになります。

　愛着は、子どもに対する親からの声がけや、温かく抱かれる、あやされるなどの体験により形成されます。

　現代社会は、人間関係の基礎になる愛着をうまく形成することができにくくなっています。乳幼児の虐待背景や、思春期へと成長した際に起こる人との関わりを避けたがる原因には、深く愛着形成が関係しています。子どもの愛着欲求に養育者が答えてくれず、養育者との間に愛着形成ができない子どもは、無意識に受け入れてくれる別の対象者を愛着の対象者に求めていきます。それが保育者であったりします。保育士に愛着を求めてくる場合には、母親との愛着関係に問題がある可能性を考えなければなりません。

　乳幼児の心の発達では、養育者との関わりである「母子相互作用」が重要な役割として捉えられています。母親と子どもの結びつきの研究では、ボウルビィ（Bowlby, J）がいます。彼の研究はこの親子の関係に着目し、親子間で築かれる愛着行動の研究を中心に行っていました。

　愛着行動は、新生児に備わっている本能的な機能と母親側の関わりや働きかけによる相互作用によって営まれていきます。乳児の欲求にタイミングよく対応してくれる養育者の行動が重要であるし、乳児の見せる行動や態度に対する養育者側のセンサーが重要になります。愛着行動の場面では乳児は養育者がどこにいるのかを、その姿を目で追ったり、声を捉え、声の方向に顔を向けたりする「定位行動」を示します。その他には微笑み、泣くなど声を出すことで、養育者の注意をひきつけますし、そしてその状態を維持しようとする「信号行動」を示したりします。またしがみつく、吸うなど養育者との接近を維持することができる「接近行動」も観察されます。

　愛着には養育者との関わりに大切なことがこれだけ含まれています。このやりとりには直感や感覚やセンスが必要になります。

　愛着行動は、自然な本能から生じる情緒的な交流です。だからこそ親子の暮らす家庭環境、家族関係、経済的環境、社会環境を越えて、乳幼児は心を発達させていくことができるのです。

　現代社会は、愛着形成を円滑に行うことが難しくなっています。こうした背景には理由もありますが、育児不安は乳幼児の欲求に応えられない原因が根底に潜んでいます。

　愛着の発達段階をボウルビィ（Bowlby, J）は以下４つに分類しています。

1. 第一段階　前愛着段階（出産時期から生後３か月ごろまで）

　　泣いたり、微笑んだり、人を見つけたりなど、主に信号行動を示しています。しかしこの段階では、愛着対応となる特定の人物を識別できません。

2. 第二段階　愛着形成段階（生後３か月から６か月まで）

　　愛着対象に対して、微笑んだり、声を出したりする段階です。日常生活でよく関わってくれる養育者に対して関心を示し、特定の人物を分別できるようになります。

3. 第三段階　明確な愛着段階（生後６、７か月から２、３歳まで）

　　見知らぬ人に対する人見知りが出てきます。養育者に対して後追いするようになります。特定の人物への愛着行動がはっきりと現れるのもこの時期です。特定の人物を心の拠り所にして、「心の安全基地」として探索行動ができるようになる段階です。

4. 第四段階　目標修正的協調関係（３歳ごろまで）

　　養育者の行動の目的や計画を理解して、自分の行動を修正し養育者との協調性を築くことができるようになります。愛着の対象となる養育者の感情や動機など、ある程度洞察することができるようになる段階です。

　　これらの愛着からみた子どもの姿や様子から検討していくことが大切です。

Ⅲ　乳幼児に向けた親支援

1）乳幼児のいる家族について

　家族関係や夫婦関係が乳幼児に大きく影響する理由を考えてみましょう。

　社会問題として養育問題が連日、マスメディアを通じて取り上げられています。具体的には、育児不安、育児ノイローゼ、乳幼児虐待などが挙げられます。これらの問題が起きてしまう背景には、養育者の問題が多く関係しています。１つには子どもを産んだものの親になりきれていない親がいるからです。年齢に関係なく精神的に未熟の状態で妊娠、出産に至ってしまう場合があります。望まない妊娠の末に出産をしたり、子どもができたことで仕方なく結婚したりで、家庭生活を営む状況ではない生活を暮さなければなりません。当然育児不安が出てきたり、育児ノイローゼに陥ったり、乳幼児虐待などの問題が発生しやすくなります。本来、子どもは親やまた周囲から望まれて生まれ、親の愛情に包まれた中で育てられるのが理想ですが、昨今のように親子関係をうまく築けない親への支援が必要になってきます。生きる喜びや親の愛情を体験することなく、実親によって幼い命が奪

われてしまう児童虐待を予防しなければなりません。幼い命が失われないように、心身共に健全な親子関係の絆つくりの支援が求められています。改めて関係性を築くことの難しい親支援について考えていきたいと思います。

2）乳幼児と親支援

　養育問題の1つに乳幼児から発するサインをどうしても読み取れない養育者（母親）への対応があります。親子の関係性がどうしてもうまく築けないという場合が出てきます。この場合皆さんだったらどのように支援をしますか。

　1つは専門家である保育者が見本となり、モデルを示すことがツールになります。乳幼児とのふれあいを場面で直接伝えていくことになります。それは言葉で伝えるよりも、実践を見せることに効果があります。乳児が声を出して養育者を呼んでいるサインを的確に場面で伝えていくことをすればいいのです。「今声を出してお母さんを呼んでいますね」「お母さんもあかちゃんの呼びかけに答えてみましょう」という場面状況を捉えて伝えていく繰り返しを行うことです。泣いている状況においても、泣き方に違いがあり、この場面においても「今は何をしてもらいたくて泣いているのでしょうか」「おむつを取り替えてもらいたくて泣いているのかもしれません」「お腹がすいているのかもしれませんね、何時にミルクを飲みましたか」「眠たくてどうしようもない状況に陥っているのかもしれませんね」「朝何時に起きましたか」など、その状況を捉えた支援を行うことが必要になります。乳幼児の心の動きを少なくとも感じ取れるようになると、親子の絆つくりのスタートになります。

　2つ目には、育児不安がある養育者の対応です。

　母親自身に問題はなく、むしろ生まれてきた子どもの側に課題がある場合が当てはまります。母親自身が育児に感じる「育てにくい子ども」ということで表わされます。この背景には、出産後1か月間から始まる乳児が夜中に大きな声で泣きだすということが当てはまります。母親がこの状態によって殆ど眠れない精神的な疲労に陥ります。特にいろんなことに敏感で、食も細く眠りが浅い子どもの状況に母親が育児不安に陥り、育児ノイローゼになる要因が数多くあります。この場合育児困難を引き起こすことが予想されます。この場合保育所内にある地域子育て支援センターを利用し、保育者に相談をしてみること、そこで知り合ったママ友と語り合える場を持つことなど、親子が孤立せず、互いに大変さを話し合える仲間の存在が必要になります。同じ年齢の親子がどのように関わっているの

かを見る体験や話をすること、また子どもの発達がどうしても気になる場合は地域の専門機関である児童相談所、医療機関、小児科医、児童精神科医などに相談することで次の道筋が見えてくることがあります。

　地域にある身近な関係機関を紹介し、そこに繋げていくことも保育士の役割になります。母親の育児不安の解消と親子の関わりが健全になるように支援していくことが何より必要になるからです。

Ⅳ　遊びの役割

　土方は0、1、2歳児の遊びとその意味について次のように述べています。2歳までの乳幼児期の活動は「大人にしてもらう活動」と「子どもの能力なりに行う活動」に分け、「休息と生命維持に関する活動」を生活、「生命の使用に関する活動」を遊びと示しています。子どもの遊びの姿としては、食事の後、満腹感と情緒的満足感が同時に満たされた幸福感を示し、乳児は喃語を発しながら手足をぱたぱたと動かして喜びを現わしている姿が観察されます。

　このように1つの行為を通じて、関わる大人との心地いい体験が子どもの情緒の安定につながり、子どもの心身の発達に深く関係してきます。そのためにこの時期の子どもにとって大人との安定した関係を充分に築くことが、乳幼児の心身の発達に極めて重要になるのです。しかも乳児期に養育者が与える安定した関係性は、その後の人への発達課題に関係し影響を及ぼしていきます。同様に人間関係の築き方にも影響を及ぼし、乳幼児の心の発達に深く関連します。

　一般に子どもは遊びを通じて、様々な事柄を学んでいると言われています。そして実際に遊びの場面では、将来必要となる人間関係の関わり方や社会的なルールを学んでいます。遊びの場面で繰り広げられる乳幼児の会話と行動を考えてみましょう。

保育場面での出来事

　保育所であった早朝保育の出来事です。3歳児A君は保育所に登所してくると大好きなブロックをいつもと同じように使っていました。そこに普段早朝保育を利用していない同じクラスのB君が、母親の仕事の都合でやってきました。B君はA君の作っているロボットに興味を示し、そのロボットを使って自分も遊びたくなりました。しかしその

ロボットを「貸して」と言わず、A君が作って出来上がったロボットを素早く取ってしまいました。A君は顔色を変えて怒り出し大騒ぎとなりました。取り返そうとするA君、遊びたい一心で絶対に渡そうとしないB君の間に大げんかが始まりました。取り合いと離さない中でロボットは壊れてしまいました。A君、B君の大泣きとなりました。早朝保育担当の保育士が駆け付け喧嘩の仲裁に入りましたが、A君は今まで自分が遊びを充分できて満足していたことが、今日に限ってB君が現れたことでできなかったこと、またB君はいつも仲良く遊んでくれるA君が、いつもと異なりロボットを貸してくれなかったことなど2人は互いに自分の言い分を保育士に泣きながら話していました。実はこの遊びの展開で、A君、B君それぞれが遊びを通じて、重要なことを学んでいたのです。普段の生活パターンができている場合、それが崩されてできなかった時の想定がなかったことがA君にありました。自分の遊びがいつも充分できると思い込んでいたのです。しかしこのことは、例題として遊びを中断させられてしまうこともあるということを知る体験になりました。通常であればできることができないストレスとなり、子ども達にとっても大変なことになります。いつも通りに遊びができない体験がとても大切な事柄になります。特に早朝の人数の少ない保育場面では、ゆっくりと穏やかに好きなように遊びを満喫することができていたことが背景にありました。A君にとっては不意打ちをかけられたようで、不満がA君の心に残りました。このようなことは兄弟姉妹が多かった時代では日常茶飯事で、子ども同士の遊びでは玩具を取ったり取られたりの体験を繰り返して過ごしていました。兄弟姉妹が少なくなった現在では、自分の好きな玩具を独り占めして十分遊ぶことが可能となり、それを相手に「貸して」という言葉で伝える体験がなくなってしまったことも、関わりがうまく出来なくなった要因とも考えられます。またロボットを取ってしまったB君の行動を考えると、B君にとっても母親の仕事上の都合で早朝の保育所登所となり、普段の保育所の様子とは大分違っていたことも背景にありました。不安なB君は自分を受け入れてくれそうな相手がいるかを探していました。B君が見つけたのはA君でした。B君がよく遊んでいる仲間の一人でした。すぐA君の傍にいき、A君と遊ぼうと思ったのですが、A君はB君に関心を持たずロボット作りに夢中になっていました。その姿を見ているうちにA君の作ったロボットが出来上がり、そのロボットが欲しくなったのです。B君もこのロボットで遊びたいという気持ちが強くなり、ついにA君が作って出来上がったロボットを取ってしまったのでした。

　3歳児の発達課題では、言葉で自分の意志を伝えることや、相手の気持ちを思いやるな

ど、人間関係が発展していく時期と発達がとても関連しています。この保育所の場面で展開した事柄をどのように受け止めるのか、子ども達の心にどのように残り、このことをキチンと受け止められるようにできるのかを支援することが専門家の役割になります。大げんかの原因となった子ども達の思いのずれが、それぞれどこにあるのか、このすれ違いを充分に扱うことが遊びの中で見えてきます。それぞれ課題は異なりますが、その子どもの抱えている発達課題に目を向けることが大切になります。結果的にこのような子ども達のやり取りと大喧嘩という形に発展しましたが、遊びの中には、このような個々の子どもの発達課題が出てくることがよくあります。この点に考慮しながら、遊びの中で体験させていくこと、また子ども自身がどのように関わって良いか、どうしたのかを学んでいくことが何よりも大切であると考えています。

参考文献

1） ハロー（Harlow, H.F）A variable-temperature surrogate mother for studying attachment in infant monkeys, Behavior Research Methods（1973）、V.5（3）、pp.269-272

2） J．ボウルビィ著、黒田実郎他訳「母子関係の理論Ⅰ愛着行動」岩崎学術出版社、2005

3） 土方弘子、勅使河原千鶴編著「乳幼児の遊び」ミネルヴァ書房、1995

4） 柏女霊峰著「養護と保育の支援から考える　子ども家庭福祉のゆくえ」中央法規出版社 2001

5） フランク・ゴーブル著、小口忠彦監修「マズローの心理学」産能大学出版部刊、1995

第2章

子どもの心の問題を理解する

Ⅰ　保育場面での心の理解

　保育所で日頃から行っている、子どもの心を理解する方法について述べたいと思います。送迎時の親子の場面や集団で遊んでいる子どもの様子や行動などによって子どもの持つ心の問題を観察することがあります。知的能力に課題があり発達になんらかの問題がある場合、保育所の活動場面などで、他の子ども達とは異なる行動や態度を示すことがあります。同時に精神的に不安定な子どもについても保育者はいつもとは違う子どもの様子を感じることがあります。

　子どもと家族の抱える課題を見ていくと、その背景や状況を詳しく聞いていくことが基本になります。臨床心理士、公認心理士、児童精神科医や、子ども達に関わる機会の多い保育士にとっても「聞くこと」（子どもの言い分、家族からの話）と「観察すること」（子どもの様子、家族の様子）が重要になります。精神科医であるサリバンは精神障害者に対して「関与しながら観察すること」を提唱しました。観察しながら関与することは、保育場面そのものに当てはまると思います。子どもと保育士の遊びや交流を通して、子どもの心の状態や家族の状況を把握するように努めることがとても大切だからです。

　子どもの心の評価は、子ども及びその家族との初めての出会いから始まります。保育所を利用している子どもや送迎時の家族の様子（服装、子どもへの言葉がけなど）を観察し、家族それぞれの性格や個性、さらに家族の経済状況などを出来る限り理解し、問題の行動を起こしている背景や要因について考え、父親や母親、その他の家族などの関与を考え併せ、子どもの発達を評価していくことが大切になります。よく言われる「気になる子ども」と「気になる親」に会った時には十分確認し留意してくことが必要です。

1）生活態度の変化や乱れが何時から起きているのかを考える

　子どもの問題行動の1つに乱暴な態度があります。その他に異糞や異尿（小便や大便をトイレ以外にすること）があります。また執拗に1人の人にしがみつくような甘えをする、

徐々に言葉が少なくなってしまうなど、子どもが表す症状があります。

　それはいつから起きていたのかを振り返り、はっきりさせましょう。保育所に入所時より始まっていたのか、兄弟姉妹関係で出てきた問題なのか、家族に問題があり、その影響を受けていることなのかなど、問題の行動が起きた時期や背景を理解することが必要です。行動観察では遊んでいる時、絵を描いている時、ゲームに夢中になっている時など、様々な子どもが夢中になっている時の状況を理解しながら状況を把握することが大切です。

2）身体問題を考える

　子どもの場合には、心的な原因によって身体の症状を起こすことがあります。身体問題をおろそかにせずしっかりと観察することが大切になります。特に食欲がないなどの場合、子どもの顔色が悪く活動自体も積極的に参加できないことが出てきます。父親や母親などから子どもの家での様子を聞いてみることも必要で、場合によっては小児科を受診する必要性があります。またいつも身体に怪我をしている子どもについては注意しなければなりません。身体のあちらこちらに怪我を負っている子どもの場合は、児童虐待を疑うことも深刻な問題を考える上でとても必要になるからです。

3）家族について考える

　送迎時の親との話の場面に、子どもが置かれた家族環境が見えることがあります。家族との関係で子どもの問題が出てきて、それがどのようになり今に至ったのか。どのような家族と生活していたのか、どのようなことを子どもは体験していたのかなどを知り、子どもの起こした行動と問題を併せて、家族という文脈から理解することが大切です。

　保育所に子どもを任せる家族は、家族背景や様々な家族形態を持ち、多彩であり多様性があることを忘れてはなりません。

　現代社会においては、家族も経済的な問題にさらされ、家族間においてもいろんな家族があること、若年夫婦、高年出産による母親、年齢差のある夫婦、LGBTのカップル、外国籍の夫婦、国際結婚など、その家族を理解することが大切になります。

4）発達歴を聞いてみる

　児童精神科医の山崎氏は診断の際、子どもが周囲の人達とどのような関わりの中で発達し成長してきたのか、どのような生活史があるのかを知ることを大切にしています。

　こうした方法は、保育士も活用できるツールでもあります。診療をするためにではなく、適切な保育をするために情報を得るのです。

　親から子どもの発達について、過去に病気をしたり、問題行動があったりなどの有無、そこでなされた治療がどのような内容だったかを聞いてみることも大切です。

　このようなことを聞くことに対して躊躇することはなく、子どもにとって適切な療育を提供するためには、とても大切な情報になります。

　親に「子どもの性格や特徴、趣味、嗜好」などを聞いてみるとよいと思います。親は子どものことをどのくらい理解しているでしょうか、ただし話してくれた親自身のイメージであることも忘れてはなりません。

　また、母子相互作用の展開のしかたは、どのような関わりがあったかなど第三者である父親から情報を聞くことも大切です。母子手帳、育児日記、ビデオ記録、学校の成績表などからも貴重な情報が得られます。

　一度にこれらの情報を全て聞き出すことはできませんし、順序どおりに問診を進められないこともあります。何度かに分けて根気よく、子どもや両親の気持ちを傷つけないように配慮し聞いていくことが必要です。問題によっては、子どもが自ら話してくれるまで待たなければならないこともあります。急いで話を聞いたりせず、ゆっくりと話してくれるまで待って、情報収集を心掛けることが大切です。

Ⅱ　子どもとの関わり方

　子どもの心の動きや問題の有無を知るために、保育者は子どもとの関わりを深めていきます。しかし、保育者の問いかけがあまりにも唐突なものであるなど、子どもに不快な印象を与える態度であってはなりません。子どもの情報は常に子どもと保育者との共同作業でなされていることを忘れてはなりません。以下の点に注意して関わりを進めます。子どもと同じ目線で話すことが大切です。子どもの遊びを観察しながら、タイミングを見て話しかけることも重要だからです。

1)「遊び」を使った関わり

　子どもによっては、様々な玩具や遊びを媒介とした関わりが必要になります。例えば人形、ままごと、積み木など室内にある遊具から、外にある滑り台、ブランコ、ジャングル

ジム、自由に走れる園庭など、これらが子どもの心の動きや状況を知る上で役立つ方法になるからです。玩具や遊具についてもあまり精巧なものではなく、いろいろ子ども達が工夫して遊べるものが便利になります。子どもの想像力を刺激し、感情や考え方、また心の動きを投影しやすい玩具を使うことで、さらに子どもの心のうちが見えてくることがあります。児童精神科医の山崎晃資先生は「おもちゃの電話」も思わぬ展開をもたらすと述べています。言葉で語りにくい子どもや、思ったことを上手に話せない子どもが、玩具を媒介にすることで、素直に自分の気持ちを表現することもあるようです。さらに山崎先生は次のような関わりが子どもの心の理解に役立つことを推薦しています。

【粘土・砂・水】

決まった形がなく、どのようにしても扱える粘土・砂・水は、子どもとの関わりを持つのに便利です。しかし、時には子どもを急速に退行させてしまうこともあります。あまりにも熱中させてしまうことがあるので注意を要します。

【家の見取り図】

「お空からみたお家の絵を描いて」「屋根を取ったお家の絵を描いて」などと頼んで家の間取りについて話すことから、実際の家庭生活の様子を知ることができます。話すことが好きな子どもは、自分の家のことに留まらず、近所の家のこと、お友達や幼稚園、学校の先生についても語り、話題が大きく膨らんでいくことが多々あります。無理に家族について話させようとせず、性急に質問しないことが大切で、子どものペースに合わせて、時にはユーモラスな表現を交えた大げさな反応をしながら、子どもが面接を快適に感じとるように工夫することが大切です。

【家庭の絵】

「お家の人の絵を描いて」と頼むと子どもは、家族を描きだします。同様な順番で、どのような大きさで、誰と誰が近くに絵が描かれているかなどから、家族力動（家の中の人間関係）を知ることができます。

【3つのお願い、無人島質問】

「もし神様がいて、あなたの願いを3つだけかなえてくれるといったら、何を頼みますか」と質問します。子どもは考え、戸惑ったように応えながらも、最後に思いきったように言うことが、その子どもの最も大切な願い事であることが多いようです。また「もし無人島に行くとしたら、誰と行きたいですか」「大人になったら何になりたいですか」など質問します。しかし最近の子ども達は「神様」「無人島」がキーワードになりにくいので、

ゲームやテレビの主人公を題材にして質問をしなければならないこともあります。

　これらは 1 つの遊びをツールにした関わりですが、このような様々な情報を総合して、子どもの置かれた状況や抱えている問題の意味や行動の背景を考え、どのように支援していくか考えることができると言えます。

事例 1

子どもの心が見えた遊びと訴え
―くまのぬいぐるみ―

保育所入所児童　3 歳児　女児　C 子

家族構成：20 代前半母親と 2 人暮らし

　家族状況：父親が半年前に家出をしており、母親と C 子の 2 人暮らしになっていました。母親は父親に対する思いが強く、いずれ自分達の家に戻ってくるだろうと父親の帰宅を心待ちしているところがありました。しかし父親は、母親や C 子の元に戻る気持ちがなく、母親や C 子に対する思いは離れている状態でした。父親から突然郵送で送られてきた離婚届け用紙に、母親は状況を理解できずに混乱してしまいました。それ以来母親の気持ちは苛立ち、些細な事で大騒ぎするようになりました。C 子に対しても感情的に接し、溺愛したかと思うと怒鳴り散らすなど、母親の精神的不安定な状況がそのまま C 子に示されていました。C 子は母親のこのような感情的な状況をじっと受け止めていましたが、母親自身自分の感情コントロールができなくなっていました。しかも自宅での飲酒が始まり、酔った勢いで父親に電話をかけ大騒ぎをして C 子に当たり散らす事も多くなっていきました。

　〇月△日　C 子は保育所登所よりそわそわした様子で明らかに落ち着きがありませんでした。C 子は熊のぬいぐるみを持ってきて、保育者の傍にきて「先生、今日ね、熊さんと遊びたいんだけれど、先生も一緒に遊んで」とお願いするように近づいてきました。保育者は C 子に「熊さんと遊ぼう、何して遊ぶ」と C 子にと話しかけると C 子は「あのね、熊さん怪我をしているんだよ。熊さんに怪我のお薬を付けたいの、先生熊さんにお薬つけるの一緒に手伝ってくれる」と頼むように話し出してきました。C 子は熊のぬいぐるみに向かって「熊さん、もう少しだから我慢してね。今お薬つけるからね」と言い、玩具の救急箱を持って来ました。「せんせい、これ」と救急箱か

ら包帯を差し出したのでした。保育者は、C子の意図を汲み「これ　熊さんに巻こう
ね、どこがケガかな」と話すと、C子は「耳の後ろだよ」と熊の右耳を差し出したの
で、保育者は熊の右耳に包帯を巻きました。それを見たC子は「熊さん、よかったね。
すぐなおるよ」と熊のぬいぐるみに声をかけたと同時に、「せんせい、あのね、わた
しもね、熊さんと同じところに同じようにお薬つけてくれる？」と自分の右耳を保育
者に見せました。するとC子の右耳に5cmくらいの裂傷と、おそらくかなり強くぶ
つけたのか、また殴られてできたのか、大きなこぶができていました。それを見て保
育者はC子に「この傷どうしたの？」「これは痛かったでしょう、よく我慢して保育
所に来たね」と声をかけると、C子は、「えへへ、転んじゃった」「C子が保育所に来
る時に転んでね。でもころんだC子が悪いんだよ」と半分涙ぐみながら話し出しまし
た。保育者はすぐに校医の先生に連絡を取り、校医の指示に添い、C子の怪我をした
部分の髪の毛をはさみで切り、消毒をして薬を付けました。C子は痛みに耐えながら
我慢し「熊さんと同じだったんだよ」と保育者に説明をしてくれました。母親にはお
便り帳にC子の怪我を見つけたので髪の毛を一部カットしたこと、そこに校医の指示
で薬を付けた旨の内容を記載しました。すると母親からの返事には「C子がそそっか
しいので階段から転げ落ちた」「先生には本当にご迷惑をおかけしました」という内
容で、C子自身が転んだという主張がなされた内容になっていました。真実の所は闇
に隠れてしまいそうですが、本当のことはC子が訴えた状況が表しています。

　このように子どもは、時として遊びの中にいろいろな自分の体験を表してくること
があります。保育者は右耳にできた傷はC子が転んでできたものではないことを状況
から知っていました。しかし3歳児の子どもが精一杯言うことに配慮して対応を考え
ました。

　最初に怪我の状況とC子の様子を併せて所長と主任に報告、その後職員会議で事例
として話をしました。会議の結果、児童相談所に報告をし、これ以上のケガと状況が
進展するようであれば児童相談所と連携して対応という方針を立てました。

　その後母親も状況を理解した様子で、このような怪我をC子がすることはなくなり、
保育所内でもC子の状況の見守りをして、無事卒園していきました。

事例 2

子どもの思いが表されたままごと遊び
―ままごと遊び―

保育所入所児童　4 歳　D 子女児

家族構成：母親　本児　2 人暮らし

家族状況：D 子が 3 歳の時に両親が離婚、以前住んでいた家からアパートに引っ越しがありました。同じ地域の管轄であることから保育所は変わらず通える状況になりました。D 子はとても聞き分けもよく、保育所生活では穏やかに過ごすことができていました。いつものように仲良しの F 子と遊んでいた時に起きた出来事がありました。楽しそうに向かい合ってままごと遊びをしていた時、突然テーブルに置いてあった皿やお箸を D 子が手で払いのけ、大きな声で「なんでこうしたのよ」「これはちがうでしょう」と怒鳴り始めました。しかも興奮気味に騒ぎ出したのです。向かい合わせにいた F 子は、突然の D 子の変わりようにどうしてよいか分からず、思わず泣きだしてしまいました。D 子の背景には昨日、離婚した父親が母親と話し合いをするため母親と D 子もいるアパートを訪ねてきたことがありました。このことが D 子の様子に影響していることが分かりました。担当保育者は、興奮気味の D 子を遊びの場から離れさせ、水を飲みにつれていき少し落ち着くように話かけ、休憩室に連れていきました。落ち着いてきた D 子に「どうしたの」「F 子ちゃんと何かあったの？」と聞いてみました。すると D 子は半分泣きながら「F 子ちゃんではなくてね。昨日ね、パパが来ていてママと喧嘩していてね。それでね、ママが・・・」というところで言葉に詰まり泣き出してしまいました。しばらく泣く状況に付き合ったところ、10 分程経過した後けろっと「先生お腹すいちゃった」と話して、昨夜は両親の話が長引き、夕食を取っていなかったこと、さらに朝まで喧嘩が続いて、その足で朝食も食べずに保育所に登園して来たことが分かりました。

　4 歳の子どもが耐えることのできない夫婦間の問題に巻き込まれてしまった状況が出てきました。ままごとはその喧嘩の状況を再現する場となり、そこで母親が父親に語っていた言葉が再現されていたことがありました。

　遊びがこのように子どもの心の内面を表し、それを表現できるツールになるということを示した出来事でした。

2）保育者の専門性について

　保育現場では日々子ども達と接するいろいろな場面で、いろんなことを表現してくることがあり、子ども自身に起こった出来事であったり、体験した辛い思いであったりということが素直に表されることを知りました。事例1．事例2はほんの一端にしかすぎませんが、子どもの意見表明のしっかりとした思いには保育者として驚かされることが多かったように思います。小さいながらも、自分の状況はこうなっているの、わかってほしいという思いをしっかりと受け止めることこそ、保育者としての専門性になるように思います。子どもの人権、子どもの意見表明権には、やはり子ども自身がしっかりと訴える力強さを持っており、それを真摯に受け止める保育者になければならないと気づかされる事例内容でした。

　その一方で背景には必ず家族と家庭、そして保護者がいます。保育者と保護者との関係性を上手に築いていくことも大切な仕事になります。その時の方法としては、子どもの思いを受け止めた上で、親を敵対視せず、親の言い分を聞いた上で温かく冷静に関わりを持つことです。

　虐待などで介入しなければならない点を除けば、保護者が決めたことや判断したことを尊重し配慮をすることが必要となります。保育所から家に帰り子どもが親に責められないようにするためにも必要な事柄になります。

Ⅲ　子どもにおける心の問題

1）発達障害について

　発達障害については、一般的に胎生期から乳幼児期を通して、身体の原因、環境的な原因などの様々な原因が影響してくる場合があります。知的機能の「遅れ」や心の状態の「歪み」など、発達途上において機能の獲得がうまくできない、困難が生じる状態を示します。発達の「遅滞」「歪み」は、決して固定していて不変的なものではなく、適切な学習環境を設定することにより、発達を促し「歪み」を変容していけるものであるとも言われています。そのため早期に発達障害を見つけて、適切な療育環境を提供してあげることが大切です。保育所はその意味で、健診等で見逃されてきた発達障害を早期発見しやすい場と言えるでしょう。保育場面は初めての他者（保育者や他の子ども達）との出会いであり、集団生活を営む場になります。

このような意味でも発達障害についての深い理解がとても大切になります。

　心理的発達に関する障害を見ていくと、親の愛情不足や育った育児環境が悪かったために正常に発達しなかったという人もいますが、発達障害はその背景に多かれ少なかれ脳の生物的要因が存在すると考えられています。その大多数は先天的（生まれつき）であったり、そうでなかったりします。比較的低年齢に生じた他の疾患の後遺症（例えば重篤な病気、脳の病気など）によるものである場合があります。代表的な障害には、知的障害、広汎性発達障害（自閉症スペクトラム、アスペルガー症候群など）、特異的発達障害（学習障害 LD、運動能力障害）、注意欠陥多動性障害 AD/HD などがあります。

①知的障害

　以前の日本では、精神薄弱（略精薄）という用語が広く使われていました。法律でも多く用いられましたが、精神障害と混同されやすいため関係団体などによって「知的障害」という用語が使われるようになりました。2000（平成 12）年 3 月から法律上の表記も、知的面のみに着目した「知的障害」という用語に改められています。

　かつては重度知的障害を「白痴」、中度知的障害を「痴愚」、軽度知的障害を「魯鈍・軽愚」と呼んでいましたが、偏見を助長するとして全て「重度」「中度」「軽度」というように改められました。

　医学的には「Mental Retardation、MR」の訳として「精神遅滞」「精神発達遅滞」という用語を用いられます。これは「知的障害」と同じ意味でつかわれる場合が多いようです。しかしこれらが生活場面で適応問題があるかどうかを判断するのは難しく、現実的には知能指数のみで判断しているのが現状です。

　DSM－Ⅴやアメリカ精神遅滞学会（AAMR）の定義では、「精神遅滞」は「知的障害」の症状に加えて生活面など「意思伝達・自己管理・家庭生活・対人技能・地域社会資源の利用・自律性・学習能力・仕事・余暇・健康・安全」のうち、2 種類以上の面にも適応問題がある場合を指しています。しかしこのような生活面に適応問題があるかどうかを判断するのは難しく、現実的には知能指数のみで判断しているのが現状です。

　教育分野や行政、マスメディア等では、「知的障害」や「知的発達障害」また「知的発達遅滞」と呼ばれることが多く、医学関係では「精神遅滞」や「精神発達遅滞」と呼ばれることが多い現状です。

原因について

1. 身体的原因

　ダウン症候群等の染色体異常、低機能自閉症などの先天性疾患によるものや出産時の酸素不足・脳の圧迫など周産期の事故や生後の高熱などの後遺症による疾患・事故が原因で起きる場合があります。脳性麻痺やてんかんなどの脳の障害や心臓病などの身体疾患を合併している（重複障害）場合も多いと言えます。染色体異常が原因の場合は知的障害が中度・重度であることが多く、外見的には特徴的容貌もあり、例としてはダウン症が挙げられます。

2. 生理的原因

　特に知能が低くなる身体の病巣があるわけではないのですが、たまたま知能指数が低くて障害とみなされる範囲（IQ70 または 75 以下）の場合です。身体的な合併症はないことが多く、健康状態は良好です。精神遅滞の大部分はこのタイプで、知的障害は経度・中度であることが多いです。

3. 心理社会的原因

　養育者の虐待や会話の不足など、発育環境が原因で発生する知的障害を示します。リハビリテーションを受けることによって知能が回復することは可能です。

知能指数による分類
境界知能

　知能指数は 70 ～ 84 程度になります。知的障害とは認定されない場合が多いですが、認定されないために、支援を受けられずに厳しい状況に置かれることもあります。保育所では殆ど健常児と見分けがつかないことが課題となります。

軽度

　知能指数は 50 ～ 70 程度で、理論上は知的障害者の 8 割がこのカテゴリーに分類されます。しかし本人・周囲とも障害には気づかず社会生活を営んでいます。障害の自認がない場合も多く、認定数はこれよりも少なくなります。生理的要因による障害が多く、健康状態は良好であることが多いです。遊びや課題への取り組みの遅れや、進め方が分からない

などで気づくことがあります。

中度

　知能指数は 35 ～ 50 程度です。保育所での集団生活は困難なことが多く、介助の先生が付いて対応することが殆どです。

重度

　知能指数は 20 ～ 35 程度です。多くの場合身体的に合併症が見られます。

最重度

　知能指数が 20 以下です。大部分に身体的な合併症が見られ、寝たきりの場合も多いです。しかし運動機能に問題がない場合もあるため、多動などの行為が問題になる場合があり、今後の対応や援助が課題となります。

②高機能広汎性発達障害

1.　自閉症（Autism）

　社会性やコミュニケーション能力の発達が機能しない発達障害の一種です。高機能自閉症と低機能自閉症があります。

　自閉症は症例が多彩であり、健常者から重度自閉症児者までの間にはっきりとした壁はなく境界が曖昧であるため、その多様性、連続性を表した概念を自閉症スペクトラムと呼びます。「高機能自閉症」と「アスペルガー症候群」、「低機能自閉症」と「カナー症候群」は基本的に同じものであると考えられています。

　「高機能自閉症」は、自閉症スペクトラムのうち、知的障害がないもの（一般的には IQ70 以上）を高機能自閉症、アスペルガー症候群と呼んでいます。「高機能」というのは、知能指数が高いという意味ですが、平均的な健常者より高いとは限らず、知的障害児者との境界域の場合もあれば、平均的な健常者をはるかに上回る場合もあります。

　「低機能自閉症」は自閉症スペクトラムのうち、知的障害があるもの（一般的には IQ70 以下）を低機能自閉症、カナー症候群と呼びます。自閉症研究の初期は、主にカナータイプが問題視されていたため、古典的・典型的な自閉症と言えばこのタイプのことを示します。

2. アスペルガー症候群

　アスペルガー症候群は現代ではかなり耳にすることが増えた発達障害の一種です。一般的には「知的障害のない自閉症」と定義されています。アメリカ精神医学会の診断基準（DSM-V）ではアスペルガー障害と呼びます

　この症候群は、対人関係の障害や他者の心を推し量る能力、すなわち心の理論の障害が特徴とされます。特定の分野への強いこだわりや運動機能の軽度の障害も見られます。しかしカナータイプ（低機能）自閉症に見られるような言語障害、知的障害は比較的少ないようです。

特徴

　人は他人の仕草や雰囲気から多くの情報を集めて、その人の心の状態を推し量る能力があります。しかしアスペルガー症候群の人はこの能力が欠けているため、様々な場所で適応が困難になります。アスペルガー症候群の人は、他人が微笑むことに対して、それを見つめているだけです。その微笑みが何を意味しているのかが分かりません。微笑みの持つ、非言語的な意味（つまり、好意なのか、憐れんでいるのか、あるいは敵意を持った微笑みなのか）が理解出来ないのです。また、微笑み、きざな笑い、顔をしかめているなど、その他のあらゆる人間間のコミュニケーションのニュアンスを理解することができません。アスペルガー症候群の人は行間を読むことが苦手あるいは不可能で、人が直接言わなくても伝えたいことを理解することができないのです。しばしばアイコンタクトに困難をきたしています。多くの場合は殆どアイコンタクトをせずドギマギするものと感じ、その一方で他人にとって不快に感じる程じっと気になった人の顔を見つめてしまうこともあります。

　保育場面では、はっきりと明確に絵で示し、わかりやすく文字に書き、具体的に何をするのか指示を出さないと集団行動ができないと同時にクラスに馴染めなくなります。

　アスペルガー症候群の人は興味ある対象に対して偏執的と言えるレベルの集中を示します。そしてしばしば特別な才能として認識されることがあります。例えば戦車に執拗な関心を示し、模型を何時間も取り付かれたように作ります。このようにアスペルガー症候群の人の興味は鉄道、自動車、コンピューターなどで、これらの興味対象に対し、百科事典レベルの大量の情報を記憶する極めて特殊な能力を伴うことがあります。

　現在では先天性の脳機能障害によるとされ、多くの遺伝的因子が関与すると考えられています。日本では1000人に1～2人の割合で生じます。男性に多いのが特徴です。

　アスペルガー症候群の子どもは、しばしば学校でのいじめの対象になります。この特徴を持つ子どもの大半が独特のふるまい、言葉使い、興味の対象、そして他人との間に軋轢があるような場面で非言語的なメッセージを受け取る能力の低さなどが原因になるからです。

　特に特徴を持つ子どもは感覚的に負荷が過重にかかる場合もあり、騒音、におい等に敏感で、接触されることを極端に嫌うなどの場合もあります。例えば頭にふれたり、髪の毛をいじられたりするのを嫌がる子どももいます。また教室内の音（周りの子どもが笑ったり話したりしている音）も騒音に感じる場合があります。行動には、「やまびこ」のように言葉やその一部を繰り返す反響言語と呼ばれる症状を示すこともあります。アスペルガー症候群の子どもは同年齢に比べ読み書き、算数、空間認知能力、音楽などに優れている場合がありますが、コミュニケーション能力に障害があることが多く、幼小時期から不思議な印象を与えることがあります。

　日本自閉症協会によると現在全国に推定 36 万人、知的障害を伴わない高機能自閉症などを含めると 120 万人いると言われています。

　また、自閉症児の特徴として、本物の自動車の車輪や理髪店の回転灯、動いている洗濯機など回転するものへの強いこだわりと興味を示します。また数字などへの高い記憶力を持っていたり風車などのある特定の音に強い不快感などを持ったりします。さらに物を規則正しく並べる行動、欲しいものがあった時には、近くの人の手を引っ張って対象物まで持って行く「クレーン現象」などの行動の特徴も観察されます。他の人がすることを自分の立場に置き換えられず、そのまま真似をするため手のひらを自分に向けてバイバイしたり、自分のことを「あなた」などの二人称で、相手のことを「わたし」などの一人称で呼んだりする現象も見られます。

　自閉症児・者は耳で聞くことよりも眼で見ることの方が認識しやすい視覚優位の特性があります。このため、自閉症児に向けて注意を与える時は、紙などに書いて見せると効果があるとされています。学校で自閉症児が他の生徒に噛みつくなどの行為が度々問題となり、口頭で何回も注意を促しても改善されなかったという話がありました。ところが机の前に座らせ、噛みつくことを注意した内容を紙に記載し本人に伝えたところ、それから問題行動が収まったということがありました。噛みつくことがいけないことを、初めて本人が理解できたということが示されました。

3. ADHD（AD/HD :Attention Deficit / Hyperactivity Disorder）

　DSM—Vによると正式名称は注意欠陥・多動性障害です。多動性、不注意、衝動性の症状の特徴を持った発達障害の１つです。この症状には様々なタイプがあり、注意力を維持したり、情報をまとめることが苦手であることが全ての場合で共通しています。

　通常就学前までに症状が確認される症状で、集中困難、過活動、不注意等が生涯に渡り継続します。過活動が顕著でない不注意優勢型の場合、周囲が気づかない場合も多いようです。年齢が上がるにつれ、見かけ上の「多動」は減少するため、以前は子どもだけの症状で成人になると収まると信じられていました。しかし現在成人になってもADHDの症状で生き方に苦しんでいる人達も大勢います。成人の特徴には、時間が守れない、物の整理、情報の整理や管理ができない、大切なことを忘れてしまう、見通しを付けて対応できない、衝動的に行動してしまう、注意力を持続することができないなど仕事に支障が出てきます。本人自身がいくら努力をしても、人と同じように行動できないことが多く、周囲の理解や本人自身の理解もできない劣等感から、うつ病や不安障害等の二次的障害を起こす場合もあります。基本的な症状を抱えた上での社会適応は環境に依存しています。またこれらの欠点を持つと同時に優れたアイデアを思いつく人や、興味ある研究や物事などに強い集中力、行動力を発揮する人も大勢おり、社会的に成功している人もいます。

4. LD（Learning Disorder）学習障害

　学習困難（Learning Disabilities）とも言われてきました。複数で表記されていることからも分かるように、単一の症状ではなく様々な状態が含まれています。LDは言語性LDと動作性LDに分別されます。言語が不器用な言語性LDは知的障害に近い印象を与えます。その一方で、動作が不器用な動作性LDは、意思表示に問題がないため認知されにくく、むしろ社会で不適応を来たすことで明らかになります。言語性学習能力が高いと「口先だけ」「生意気」との誤解を招きます。特に保育所から小学校低学年までは、同世代も動作性学習能力だけを評価の対象にするため、同世代からも低い評価を受けやすいと言われています。運動機能でバランス感覚を欠き、著しく身体を動かすことで困難を覚える子どもが多いため、リハビリテーション医学の分野でも研究の対象になっています。

　アメリカでは「学習障害とは、聞き、話し、書き、推理する能力、算数の能力を取得したりすることが著しく困難な様々な問題群の呼び名である。このような問題は生まれつきの中枢神経の働きの障害によるものと考えられています。学習障害は他のハンディキャッ

プ（例えば感覚の障害、知的障害、社会性の情緒障害など）や、不適切な環境（文化的な違い、望ましくない教育など）からも生じてきますが、ハンディキャップや環境から直接生じるものではない」と、1981（昭和 56）年、すでに学習障害に関する連邦合同委員会報告が定義しています。

特徴

落ち着いて座っていることができない、多動、過活動を示す

左右の認知に問題があることから、運動が苦手である

身体の平衡感覚が著しく悪い

文字を書くと左右がひっくり返った鏡文字になる

情緒が不安定で、衝動的な行動に走ったりする

発音と聞き取りの障害、言葉が遅れる、特定の音が抜け落ちる

抽象的に物事を考えることができない

こうした LD の子どもは、全体的な能力が劣っているとかに限らず、一部の認知・運動能力の障害以外には問題がないことも多いのです。そのため進学も、その子どもの障害の状況により可能となります。

まれにそれ以外の特別な能力で天賦を与えられていることもあります。幸運な成功者としての例では、トーマス・エジソン、アルバート・アインシュタイン、トム・クルーズなどがいます。

LD の種類には以下のようなものがあります。

(1) 読字障害（Dyslexia）特定の字などが読めず、単語の意味を取り違えたりする

(2) 書字表出障害（ Dysgraphia）書くという作業ができない

(3) 計算障害（Dyscalculia）計算できない、紙に書いてする計算も暗算も困難

(4) 言語障害（Language deficit）自分のことを口に出して語れない

(5) 聴力障害（Auditory deficit）聞いて理解ができない、背後にある雑音がある場合、音を聞き取れない。言葉で語られると思い出せないなど

(6) 空間認知障害（Spatial organization deficit）立体的な空間が理解できない

(7) 記憶障害（Memory deficit）時間割、歴史的な事件などを思い出せない

（8）社会スキル障害（Social skill deficit）顔の表情やボディランゲージを読み取ることや、声の抑揚で怒っているとかバカにされているといったことが理解できない

2）その他の心の問題

発達障害以外の心の問題について説明をしましょう。

これらは、健常に生まれた子ども達が、親子の関係や兄弟葛藤などにより心や身体に不調をきたす場合です。就学前の子どもに見られる心の問題の内容です。

①愛着障害

胎児期から3歳までが人間の一生で脳が最も急速に発達する時期で、育児環境の質の良し悪しがその後の発達に影響を及ぼし、脳の組織と機能に深い影響を及ぼすことが判明しました。この発達時期に、長期に渡り虐待や放置、さらに一貫しない育児方法、いつも異なる養育者との関わりがあると、脳神経発達や中枢神経系統に障害を与えると言われています。

日本の児童養護施設には、児童虐待や放置のために親から引き離された子どもや、養育者が何度も変わったという子ども達の入所があります。その中には重度の愛着障害により、反社会的で攻撃的な行動を取る子どもも多く、施設の指導員を悩ませています。

愛着障害の症状

1．行動

衝動、刺激、欲求不満に自制が効かず、反抗的、挑戦的、衝動的、破壊的行動が目につくことがあります。反社会的問題行動（嘘をつく、盗みをする、物を壊す、火をつける）などを起こしやすくなります。自分を愛そうとする人の言動を束縛と感じて、攻撃的、自虐的、自滅的行為で反応する、他虐的で、動物や自分より弱者に残酷で、自分に注目を集める行動に出ます。間断なくしゃべり、まとわりついたり、静かに座ったり、また夜には騒いで寝付くことができません。同時に食べ物を隠して溜めたり、暴食したりなどの難点を示すことがあります。

2．感情

恐怖感と不安感を隠し持ち、その現れとして激怒反応を起こしやすくなります。

　直面したことに対して不適応な感情反応を起こすため、気分にむらがあり一定せず、怒りっぽくなります。抑うつ症状が根底にあるため、心から楽しんだり喜んだりできません。未来に対して絶望感を抱いていることもあります。

3.　思考

　基本的に自分自身、人間関係、人生に対して否定的、消極的な考えを抱いています。

　原因と結果の関係が分からず常識が無いと言われます。また物事に集中出来ず、年齢相当の考えができません。

4.　人間関係

　人を信じなかったり威張り散らすことが見られます。また人を操ろうとするなど心からの情愛や愛情を受け入れず、自分も与えることができません。知らない人には誰でも構わず愛嬌を振りまく、その反面同世代の人達と長期にわたる友人関係が持てないのが特徴です。自分の問題や間違いを人のせいにする。自分に対して権限を持つ人と慢性的な権力争いを起こします。親が子どもをコントロールするか、子どもが親をコントロールするのか、終わりのない戦いを繰り広げます。自分はいつも被害者だと確信しているので、教師、医者、セラピストを操って専門家と親の間に確執を起こすことがあります。

5.　身体的

　不衛生的で触れられることを嫌がり、遺糞症、遺尿症等の問題があります。ケガをしがちで痛みに対して忍耐強いことがあります。また行動が過激で抑うつ傾向があります。

6.　道徳的・宗教的

　共感、信心、同情、後悔、社会的な価値観念に欠ける邪悪なものを、自分の人生に合わせる傾向があります。

②夜驚

　子どもが夜寝た後に、途中で寝ぼけたように叫んで暴れたりすることがあります。

　これは脳の中の睡眠と覚醒を調節している部分がうまく働いていないために起こる現象です。育て方というよりも生まれつきの夜驚を起こしやすい脳の素質によって起こります。

昔、親が強く叱ったりするとその日の夜に出てくるので、そのように言われたのだと思います。

　夜驚にはきっかけがあり、夜驚が見られる３人に１人はとても楽しい体験（家族旅行、遊園地へ行ったこと）などをきっかけに起こることがあります。また恐怖を伴う体験（自動車事故の経験や目撃、ガス爆発の体験や目撃、恐ろしいテレビドラマやDVD等を見たこと）、緊張すること（ピアノの発表会、学芸会）などもきっかけとなることがあります。残りの３分の２は起こりやすい年齢（３歳から６歳までで、早ければ２歳半くらい）から自然に出てきます。また８歳以上で夜驚が始まることは少なくなります。

③夜尿

　以前夜尿は原因が分からずにいました。育て方が悪かったのではないか、トイレットトレーニングの失敗など、また精神的ストレスによって起こるなど、いろいろな言われ方をしました。夜尿のない子どもは眠っていても膀胱が一杯になってくると、その刺激で目を覚まし、トイレに行くことができます。しかし夜尿をする子どもは目が覚めずに眠ったままお布団の中でおしっこをしてしまいます。また夜尿の子どもの一部には機能的な膀胱容積の減少（膀胱の中におしっこをためておける量が少ない）という特徴を持っています。このため朝まで膀胱の中におしっこをためておけなくて、夜尿になってしまいます。昼間もトイレに行く回数が多くなるのがこのタイプです。子どもの中には、抗利尿ホルモン（おしっこを濃縮して量を減らすホルモン）が少ないため、眠っている時の量が増えて朝まで膀胱の中にためておくことができないこともあります。

　現在はこのようなことが原因と考えられていますが、夜尿の子どもはどうしても水分を多めにとってしまうことが見られます。この仕組みはよく分かっていないのですが、この子ども達にとって水分を減らすことは難しく、無理に減らそうとすると隠れて飲んでしまったりすることもあります。

④チック

　一部の筋肉の不随的な運動で、突発的、急速でしかも反復性があり非律動性、常同的な運動が見られます。緊張によって増強されたり、集中している時に回数が減ったりすることがありますが、睡眠中は見られないのが特徴です。運動性チックと音声チックとに分けられます。また単純性と複雑性に整理でき、その区別は明確にされていません。特徴とし

て単純運動性チックは子どもが見せるまばたきや頭を振る、肩をすぼめるなどの行為が観察されます。単純性音声チックには、咳払いや奇声を発することが見受けられます。複雑性運動性チックには、その場の状況に合わない態度や汚言を繰り返すなどの行動が観察されます。

⑤遺尿、遺糞症

　一般的に子どもの意志とは関係なく、排尿、排便が見られる行為を示します。

　これが夜間、睡眠中に見られると夜尿症、夜遺糞症になります。遺糞症では排便行為の自立時期を過ぎても不随意の排便を見る状態があります。

⑥小児心身症

　小児では、心身機能が未熟で未発達、未分化であるために、正常と異常を判断することが難しい場合が多いと言われています。小児心身症では「心理的要因が強く関与し、心身反応の障害としての心身症状、疾患、神経性習癖などで心理療法や環境調整が有効と予想されている病態」が広い意味での定義になっています。

　一般には、心身反応が過剰で、一過性ではなく持続的反復的に見られるようになった場合心身症と言われます。胃・十二指腸潰瘍、本態性高血圧など成人の心身症の定義に当てはまる病気で、小学生や中学生でも当てはまる場合があります。

　このようにこれらの病症状については、子どもの発達段階において、子どもを取り巻く環境と関連性があることを併せて理解してほしいと思います。

参考文献

　1）千葉千恵美　子育て支援と実践　現代図書　2020

第3章

気になる行動や態度を示す子どもたち

Ⅰ　事例

　保育所の遊びの場面では、家族の問題が見え隠れします、子どもの気になる行動や態度が親支援に結びついた例を示します。

1）気になる行動や態度を示す子どもたちの思い

　子どもの示す行動には家族関係や子どもの置かれた背景などが複雑に関係してきます。その表現の1つとして行動化したり、言語化したりします。この章では、気になる子どもの問題行動や態度など、子どもの示す背景を探り、子どもの置かれた環境状態を理解した上でしっかりと支援ができるように理解を深めることをしたいと思います。

> **事例3**
>
> #### 衣服の汚れがひどく、身体が不衛生なⅠ子
>
> Ⅰ子：1歳6か月　女児
>
> 家庭環境：父親20歳前半、母親10代後半　第二子妊娠中
>
> 　母親は、在学中に現在の夫と交際し妊娠。学業を優先させたい母親の両親はⅠ子の出産を大反対しましたが、夫が出産を希望したことを受け、高校を退学し入籍、Ⅰ子を出産することになりました。しかし出産後、母親の同級生からの遊びの誘いに、Ⅰ子を置いて出かけることが多くなり、養育の大半が出産を大反対した両親（特に祖母）に任せきりになり、遊び歩くようになりました。遊ぶ金も必要になり、父親の給料だけでは生活が苦しくなり、父親には内緒で金融業者からの借金をするなどが夫に見つかり、喧嘩が絶えない状況になりました。またⅠ子が泣くとⅠ子への虐待も始まりⅠ子の1歳6か月健診では、虐待傾向にあたる養育環境とさらにⅠ子の発達の遅れが指摘されました。母親の虐待傾向を予防するために、町の保健所から保育所入所の

依頼があり入所となりました。母親は送り迎えに便利なコンビニでアルバイトを始め、金銭的な問題と夫婦の関係も改善されていたところで、第二子の妊娠が発覚しました。母親のつわりが酷く、I 子に手をかけられない状況が続き、夏の暑い最中 1 週間同じ洋服と下着を着たままで登所してくるようになりました。身体全体にあせもによる肌荒れが酷くなっている状態でした。見かねた母親の実家で I 子を引き取り面倒をみるようになりましたが、I 子は母親を避けるようになり、その態度に母親は苛立ちが募り、お迎えでも大声で I 子を怒鳴り散らすことが度々観察されるようになりました。

　保育所から祖父母への連絡や父親に連絡を入れて対応することもしましたが、うまく関わりが持てずに I 子が頭に大けがをすることが起き、そのまま児童相談所の一時保護として扱われ、乳児院措置となりました。第二子においても様子観察ということになりましたが、虐待予防の手立てとして最終的には保育所から児童相談所に依頼することで I 子の命を守ることができた事例です。

事例 4

虐待傾向のある精神的不安定な母親と K 子への支援

　K 子　3 歳　女児

　家族構成：ひとり親家庭　母子家庭　母親は 20 代前半　父親とは協議離婚でようやく、K 子を連れて生活ができるようになりました。母親は母親の実家近くのアパートを借り生活を始めました。母方祖父母により K 子の保育所送迎などは行われ、養育の手伝いを受けながら、仕事と育児に母親は一生懸命働いていました。しかし金銭的には苦しくスーパーのレジのほか、病院の掃除、新聞配達を休むことなく行い、仕事に追われ心身も余裕がなく疲れ果てた中で K 子の養育をしている状況でした。母親は感情の起伏が激しく、保育所登所時に母親に怒られながら来ることもたびたびあり、K 子は大泣きをしながら登所し、保育所でしばらく泣いていることもありました。保育所生活では安定して過ごすことよりは、他の子どもとぶつかり、玩具を投げる、叩くなどの行為も見られるなど攻撃的な面もあり、保育者は常に K 子の動きを観察し、他の子どもとのトラブルをできるだけ避けるように関わっていました。

　母親の虐待傾向は、特に母親の精神的な状況と深く関係しており、家での飲酒、そのあげくに K 子に当たるという虐待まがいの行為がたびたび観察されました。K 子

が右目を殴られて青く腫れていたり、たばこの火の痕が手の甲に丸くついていたりすることが増えてきたところで、保育所内での会議を設け、どのように対処するかを話し合いました。けっして母親のことを悪く言わないK子の思いを汲みながら、エスカレートする状況ではK子の命にも関係するなどの意見も多く出て、児童相談所と町の保健センターに依頼し、K子と母親の状況を同時に支援する方法を考えました。保健所からは母親の仕事に向けた疲労度が精神的なイライラを昂じると判断し、生活保護を受給すると同時に仕事を減らし、精神的余裕を持たせることや保健センターで相談を受けることなどを提案しました。K子に関しては児童相談所によって、これ以上暴力が見られた場合は虐待に相当すると判断できると母親に伝え、一時保護もあることなど、今一番親子に必要な支援について伝える事にしました。

　結果的には母親はうつ病と診断をうけ、入院治療となりK子は児童養護施設に措置となりました。この事例についても保育所が子どもと親に向けた支援を丁寧に行い、K子の虐待がこれ以上エスカレートしないように支援できた事例でした。

事例 5

育児不安が強い母親からの電話相談

　「妊娠・出産と初めて体験して、実家から3日前に戻ってきました」「実家にいた時は、気にならなかった子どもの泣き声に悩まされています」「夜は寝る暇がなく授乳しています。おしめの取り換えも全て一人で行ってきました」「最近ちょっと疲れてきました」「実家の母親に相談すると、赤ちゃんは泣くのが仕事だからと言われ、私の困っている思いを真剣に聞いてくれませんでした」「さっきも実家の母親に電話をしたのですが、でかけているようで留守電になっていました」「病院でもらったパンフレットに育児相談が出来るところがあったので今電話をしています」「未熟児で生まれたせいか、自宅に帰ってきても泣く事が多く、私自身疲れています」「寝不足と体がだるいのと、出産まで元気に過ごしていたのに、今は気持ちも暗く落ち込んだ状況になっています」「私どうしたらいいのでしょうか」

　このような内容の電話相談が保育所設置の子育て支援センターにかかってきました。電話に出た保育士は、実家から戻り精神的に一人で育児に対応できずにいる母親の心境を感じとっていました。しかも出産後に出てくる子どもの発達の偏りや夜泣き、低

体重など育てにくい要因も重なっています。このような場合は特に母親の対応に十分留意して関わる事が必要になります。場合によっては虐待に移行してしまう場合も出てくるので、母親の生活環境、子育て環境に理解をしていくことがなによりも大切になります。

Ⅱ　留意点

　現代社会が示す問題として、家族形態の変化が深く関係しており、従来からあった３世代同居から両親と子どもから構成される核家族に変わってきたことも要因の一つです。しかも結婚当初より生活環境が変わらない中で、親になってしまう状況が多々あります。実は親自身、親になりきれていないことも重要な要因になっています。このような状況下で出産を迎え、母親や父親になってしまうことも課題の１つと考えられます。

　しかしその一方で、たとえ年齢が若くともしっかりとした養育力が備わっており、子どもを上手に育てている場合もあります。むしろ年齢に関係なく精神的に未熟である人達が家庭を作り子育てができる状況ではない状況である場合、子どもの養育に深刻な影響が出てきます。結婚前に妊娠でやむを得ない状況で結婚をした場合、生活を維持することすら難しい課題が出てきます。そのため結婚してすぐ離婚の経緯を辿る場合があります。しかも再び出会いがあり、恋愛関係に陥った場合には再婚の可能性が想定されます。実父または実母の結婚相手（法的な親子）によって形成された家族構成は、法による親子の関係がつくられます。そのため新たな家族再構成のテーマが課題となり、連れ子同士の再婚家庭では様々な課題が生じると予想されます。

　今日では、母親の同居人による虐待及びネグレクトなどの新たな問題が潜在化しています。児童虐待防止法改正により、同居している人からの虐待を予防できる事項が加えられましたが、複雑化する家族形態と家族関係が、乳幼児の心に深く影響を及ぼしていることは明らかです。保育所（園）、幼稚園、認定こども園でも両親のどちらかが子どもを引き取るような、単身家庭が増え始めています。事例３で示した問題は、Ｉ子の不衛生な状況による保育士の気づきと、親になりきれていない母親の精神的未熟さが養育問題と深く関連していました。また事例４では、結婚当初より夫婦関係が悪く、しかも父親による暴力があり、問題をさらに複雑化していました。また離婚後母親の精神的安定が望めず、母親の精神的不安が強く示されており、これが子どもの養育に影響を及ぼしていました。事

例5では現在の養育問題で最初に出てくる課題でもあり、親になりきれていない母親が出産直後より不安になり、子どもとの密着した閉塞的環境で、どうしようもなく孤独になり、第三者に助けを電話で求めた事例であると言えます。

　事例に関しては様々な問題を取り上げましたが、これらの事例から言えることは、問題ありとされる子どもの行動には、子どもなりの思いがあり、理由があって行動していたことが示されます。子どもの心の状態と家族背景や家族環境は深く関係しており、それが乳幼児の心身の発達に深く影響を及ぼしているのです。

第4章

児童虐待への取り組み

Ⅰ　児童虐待について

　社会問題として虐待に向けた取り組みが示されています。なによりも幼い命が実父母によって失われていることは、わが国において大きな課題であると思われます。児童虐待の増加に伴い、児童虐待防止法が2000（平成12）年に施行されました。従来の児童虐待防止対策は、児童福祉法が基本にあり、その法に則って対応していましたが、児童に対する虐待の禁止を含め、児童虐待防止のために国及び地方公共団体の責務や虐待を受けた児童の保護などの措置による独立法が必要と判断され制定された経緯があります。

　2019（令和元）年、児童福祉法の改正で、児童虐待によって亡くなる可能性がある子どもたちの支援を含め、児童の権利擁護、児童相談所の体制強化及び関係機関の間の連携強化などの措置を講ずることが追加されました。児童の権利擁護については、親権者が児童の躾に際して体罰を加えてはならないこと、同様に児童福祉施設長も同じことをしないように、都道府県にある児童相談所業務には、児童の安全確保を明文化すること、また児童福祉審議会で児童に意見を聴取する場合には、児童の状況や環境に配慮することが加えられました。

　児童相談所の体制強化及び関係機関間の連携強化については、一時保護などの介入的対応を行う職員と保護者支援を行う職員の配置を分けて措置をとるようになりました。その他についても弁護士による助言、指導を適切かつ円滑に行うために、弁護士の配置や児童相談所に医師及び保健師の配置が追加されました。児童福祉司、スーパーバイザーの任用要件の見直しや児童心理司の配置を法定化し、職員の資質向上を図ることも加えられました。

　何よりも早期発見・早期対応に向けた支援を基盤に置いたものとなりました。

　施行5年後を目途に中核市及び特別区に児童相談所を設置できるよう施設設備、人材確保、育成支援の措置を行うことや関係地方公共団体との連携を図り、支援等の実施状況、児童相談所設置状況及び児童虐待をめぐる状況を考慮した施設設備、人材確保育成の支援

の在り方を検討することも加えられました。

　この法律では、虐待の定義を明確化し児童に対する虐待の禁止、親権の適切な行使等、子ども虐待の早期発見をより現実的な支援にしていくことが求められています。

Ⅱ　児童虐待の定義

①児童の心身に外傷が生じる。また生じる恐れがある暴行を加えること

　（身体的虐待）—physical abuse—　頭部外傷　骨折　打撲傷　あざ　刺傷　やけど

　生命や健康に危険がある場合が当てはまります。

②児童にわいせつな行為を行うこと、または児童にわいせつな行為をさせること

　（性的虐待）—sexual abuse—　性的暴行　性交　性的行為の強要

　ポルノの被写体などを強要するなど性的なことが深く関係しています

③児童の心身への正常な発達を妨げるような著しい減食、または長時間放置さらに保護者として保護を著しく怠ること　食事が与えられないなど生命の危機に関係してきます

　（養育拒否・ネグレクト）—neglect—子どもの意思に反して登校できない

　病気になっても医療的治療をうけさせられない状況で亡くなった子どももいました

　家に乳幼児を残したまま外出する。乳幼児を車の中に放置し車の中で死亡する事例もあります

④児童に著しい心理的外傷を与える言動を行うこと

　（心理的虐待）—psychological abuse—　暴言、兄弟姉妹間の差別、心理的外傷を与える行為で言葉による脅迫、無視、否定的な態度を示す

　子どもの心を傷つけることを繰り返して言う。自尊心を傷つける言動を言う。兄弟姉妹間に著しく異なる差別的扱いをする。子どもの心に深い傷を負わせてしまう言動がすべて当てはまります

Ⅲ　児童虐待が起こる４つの要因

1）親の要因

　①幼い頃自分自身に身体的虐待、養育拒否・ネグレクトなどの体験がある親

　②親が精神疾患に罹り、アルコールや薬物依存の養育環境に置かれていた親

　③偏った親の養育態度で、子どもの目線で子どもを養育できない親

2）子どもの要因

　①親の意向に沿わない子ども

　②生まれることを望まれなかった子ども

　③非血縁の子ども

　④愛着形成不全がある子ども

　⑤発達や成長に障害がある子ども

3）親の収入が安定せず常に生活が危機的状況にある子ども

　①夫婦間に離婚問題が生じている子ども

　②暴力（DV）

　③親の失業　借金

　④狭い居住空間で子どもが多い環境にいる子ども

4）社会的に孤立している家庭

　①実家や親せきとの交流が断たれている家庭

　②友人もなく誰にも相談ができない

　③近所付き合いもない状況

　地域も同様に、家庭においても子育て機能が低下した中で、親の感情がコントロールできず子どもに向かい爆発することが要因とも考えられます。

Ⅳ　虐待発見にむけた視点

　①親と子どもの関係に気になる不自然さはないか

　②不自然なけがややけど、あざや打撲、骨折など身体への繰り返す外傷がある

　③親の説明と実際の状況が明らかに食い違っており、話の内容がその時々によって変わり、話している事柄に一貫性がない

　④子どもの表情におびえた様子が見られ、感情が乏しい

⑤赤ちゃん返りなど、今までできていた行動ができなくなる

⑥母親の子どもに対する対応が異常に厳しく、険しい目で子どもを見る

⑦親子関係が逆転していて、子どもが親兄弟姉妹の面倒をみている

　このように虐待では、家族状況を把握していかなければならないと考えます。

　今後医療、保健、教育、福祉との連携を取り、虐待への早期発見、予防に取り組むことが重要になります。

　一般の家庭生活で、子どもが実父母によって命が絶たれる現状には、行われる児童虐待の背景や家族、親子関係の間にいったい何が起きているのか、養育の問題を含め、乳幼児に必要な関わりについて考察を深めていきたいと思います。また養育の問題として掲げられる根底である養育者自身が抱える問題への理解が重要であり、これらの問題の背景については、十分な配慮と支援が時には必要になります。早期発見の場面として保育所生活で現れる子どもの問題行動がその1つでもあります。虐待されている子どもは、情緒的に不安定で時折衝動的に攻撃的になり、周囲の子どもたちへの暴力や乱暴な言葉使い、態度などが問題行動として挙げられます。子どもによってはびくびくしており異常なくらい周囲に敏感であったりもします。子どもの衣服の汚れも、ひどく不衛生であったりすることも大切な視点です。時には顔を腫らして登園してくることもあります。身体にたばこによるやけどの痕、身体に残る打撲痕など、様々な面から子どもの様子を伺い知ることができます。

　いわゆる「問題を起こす子ども」という視点で見られがちですが、実際に子どもが表出する問題の背景に何があるのか。子どもの「落ち着かない」などといった日頃観察される問題行動が虐待の早期発見となり、予防につながることになるため、日々保育現場では子どもの様子や対応に配慮して、児童虐待への予防に向けた関わりをしっかりと理解し、考えていくことが必須の課題であると思われます。

V　児童虐待の現状

　2021（令和3）年度の厚生労働省「子ども虐待による死亡事例等の検証結果等について（第17次報告）」では、一年間に発生した死亡児童事例72事例（78名）を報告しています。その内訳は心中以外の虐待死亡事例が56事例で（57名）おり、心中による虐待死亡事例は16事例（21名）となっています。

（1）心中以外の虐待死亡事例

　厚生労働省の報告では、心中以外の虐待死亡事例は男女ともそれぞれ26名おり、不明が５名ありました。死亡状態時の子どもの年齢をみていくと、０歳児が28名（49.1%）と最も多く、３歳未満児まで含めてみていくと34名（59.7%）で半数を占める状況になっていました。

　さらに死亡した０歳児の乳児について見ていくと、０か月が11名（39.3%）と最も高い数値になっており、乳幼児ゆさぶられ症候群（以後 SBS・疑いのあるものを含む）が２名で頭部外傷によるもの２名（有効割合33.3%）になっていました。

　また第11次報告から第16次報告までの SBS の28事例をみていくと、０歳児の乳児から３歳児未満の幼児が含まれており、加害者は実母でその動機には、「泣き止まないことにいら立ったため」が９事例あり、０歳児乳児がその対象になっていました。

（2）心中による虐待死亡事例

　心中による虐待死亡事例では、男児が９名（42.9%）、女児が12名（57.1%）でした。死亡時点の子どもの年齢を見ていくと、０歳児が４名（19.0%）と最も多く０歳児から３歳未満児が10名（47.6%）で、心中による虐待死亡事例が半数を占めていました。

　この結果を受け過去第11次〜第16次まで28件の総数から伺えたのが、０歳児１か月１名　２か月５名　３か月１名　５か月４名　６か月４名　７か月１名　８か月１名　９か月１名と18件ありその他　１歳１か月１名　１歳２か月２名　１歳５か月１名　１歳７か月１名　１歳11か月１名　２歳３か月１名　２歳４か月１名　２歳10か月１名　５歳11か月１名であった。０歳児の乳児と３歳児未満の幼児が含まれていることが示されていました。

Ⅵ　地域ネットワークシステムの取り組み

　児童虐待は、家庭の中で起こり、しかも密室であるがゆえに発見しにくい状況です。上記のように、いかに早期発見し、適切な対応を行うかが重要であると考えます。

　適切な対応を具体的に行使するためには、関係機関間のネットワークによるシステム化が重要であると考えます。児童虐待が発生するメカニズムとして、このような家庭は同様に多問題を抱えており、様々な要因が重なりあい、結果的に児童虐待に至る場合があると考えた方がよいと思われます。例えば１つの取り組みを見ていくと、最初に保育所、他人、

保育者による虐待の早期発見があります。それは子どもの様子や子どもの行動、そして身体への通常では考えられない怪我があります。このように保育所保育士の虐待発見から保育所の役割機能として児童相談所へ通告を行うことがあげられます。この通告を受けて児童相談所は、状況を判断しますが、子どもの保護が緊急に必要である場合は一時保護などの措置を行います。また保健所では、加害者である母親の精神的な問題についても慎重に取り扱い、精神科などの医療機関への紹介を行ったりします。同時に入院治療への支援を含み、この過程で、児童虐待がこれ以上行われないように家族に向けた適切な対応を行うことも支援になります。これら一連の連携した支援によって、幼い子どもの命が失われるような深刻な問題を引き起こすのを食い止めることができると考えられます。

このように関連する多機関との連携はとても重要であり、児童虐待の問題を深刻化させないようにコラボレーションすることが、家族や子どもにとっても望ましく、重要であり、なによりも子どもが幼い命を失われずに済むことになります。また一般家庭に向けた支援方法が考慮されたことも重要です。それは子ども虐待、ネグレクトする行為があらゆる階層や環境にわたり、子どもを育てる大人に起こりうる可能性が出てきたからです。一般家庭への対応もこれらの視点を考慮にいれて必要になります。

児童相談所はもとより多職種の専門機関との連携を視野に入れ、児童虐待の早期発見、早期対応に向けて、虐待を予防していく必要があると考えます。

Ⅶ　多機関との連携と協働

①福祉事務所（家庭児童相談室）

　保育所の紹介、ヘルパー派遣、経済的援助

②医療機関　（病院、クリニック、医院等）

　診療から虐待、ネグレクトの発見、通告

　多機関要請医学的診断（事故によるものなのか、虐待によるものなのか）

③保健所・市町村の保健センター

　乳幼児健診などにおける虐待の発見及び通告、家庭訪問による相談、援助

④保育所・幼稚園・学校

　子どもの行動や様子、言動からの虐待の発見及び通告並びに援助

⑤児童福祉施設（児童家庭支援センター）

　子どもの在宅指導及び保護、相談援助

⑥**警察**

　危機的な命に関わる状態の子どもの保護、調査、重篤な虐待やネグレクトの逮捕

⑦**主任児童委員や民生委員・児童委員**

　地域で子育てしている親子への支援、虐待の発見、通告、相談援助

⑧**弁護士並びに家庭相談所**

　法的な措置及び検討並びに申請

⑨**民間団体の虐待防止機関**

　専門機関への紹介、通告及び相談援助

　児童相談所が中心となり主任児童委員を対象に、児童虐待に関する専門的研究を行い、修了者を対象に登録方法を取り、地域ネットワークを構築整備し「家庭支援体制緊急設備促進事業」が作られました。また地域住民を対象に現在居住している市町村地域で医療、保健、福祉、教育、司法、警察などの関連機関や団体が、情報公開を行うなど対処方法に向けた検討を行う経費が助成され、地域にむけた多機関連携が具体的に行われるようになりました。

　総合的な支援体制が整備され、なによりも地域で見守り、育児不安を回避する方法や虐待を防止するシステムを作り上げていくことが望まれます。

事例 6

児童虐待による死亡と親支援

　都道府県・市町村及び関係機関等を対象にした事例　対応に向けたヒアリング調査の実施報告事例提示より抜粋

　事例概要　母親の精神疾患に伴う発達障害を持つ子どもの死亡事例

　実母は思春期である高校時代に、摂食障害で精神科を受診し、うつ病があると診断され投薬治療を受けていました。

　家族背景：実母の父親はアルコール依存症、それに伴う母親に対する DV がありました。母親はうつ病を発症し両親 2 名とも通院していました。実母は長女として、それまで第 2 名の面倒をみてきました。高校卒業後は地元を離れ、実家とはかなり

遠いところの大学を選択し、入学をしています。大学時代では友人関係やアルバイト先で不安なことがあると不安発作が度々起こり、その時も精神科を受診し投薬治療を受けていました。大学在学中にアルバイト先で知り合った男性（現在の夫）と交際をはじめ、精神的な安定を得ることができました。夫は長距離を移動しているトラックのドライバーで、金銭的にもめぐまれた年の差カップルでした。大学卒業後、夫との間に子どもを妊娠したことで、仕事をやめ専業主婦になり、その後生まれた長男、長女とも育てやすい子どもであることや、夫の両親が近くに住んでいることもあり、育児に関しては不安になることはなく、子育てに喜びを感じ安定した生活を送ることができていました。しかし4年後に次男を出産しました。次男に関しては妊娠中より体調が悪く、つわりに悩まされました。薬を飲みながらの出産になりました。出産後は上2名の長男、長女たちの発達とは違い、食は細く、夜は寝ないで泣くという次男を抱えた日々に奔走させられてきました。次男は特に夜泣きがひどく、初めて育児に悩まされるような体験が始まりました。産後1か月はよく眠れない状況が続き、産後うつとなり産婦人科から精神科を紹介され受診し始めました。また保健師の支援並びに市町村の計らいで保育所入所をさせることができました。日々の家庭生活では市町村から紹介された民間団体の支援を借りながら、家事育児の支援を受け3名を育てることができていました。

　次男に関しては1歳半より動き回る子どもで、この子どもの多動性と衝動性から、本児の育ちに不安を感じていました。保育所でも同様に保育士の言うことがわからない、指示を聞いて待っていることができないなど保育所の生活でも様々な課題が出ていました。ひとたびこだわると外れなくなるなど、対応の難しさも兼ね備えていました。

　上2名が小学校の夏休み企画のお泊り会に参加しているときでした。また父親は長距離で関西方面に一昨日より出ており次男と母親が2人きりとなり、夕食前の毎日入浴でもめる時間帯になっていました。水が嫌いで体に水がかかると大騒ぎになり、入浴には1時間以上かかる日もありました。その日も服を脱ぐ、脱がないから始まり、大泣きとなり母親はこの状況にため息をつきながら次男の対応に奔走していました。30分経ち40分経ったころ母親のいら立ちがピークに達し、洋服を無理矢理脱がすことにしたところ、次男が母親に殴りかかってきました。それが数回繰り返されたところで、母親の感情コントロールができなくなり、親子で殴り合いが始まりました。し

ばらくして次男が動かなくなった時、母親が我に帰りました。ピクリともしない次男の様子に泣きながら、夫に電話を掛けました。夫は母親の状況が通常ではないことに気づいていましたが、すでに次男の意識がないことや息をしていない状況を判断し、そのまま警察署に行くことを伝えました。母親は次男が好きだった毛布にくるみ警察署に出頭しました。

　警察署では母親による殴打によって亡くなったと判断、児童虐待による死亡事故として処理されました。

事例検討の結果　問題点と対応策

発達障害の子どもと母親支援の役割

　児童虐待の関連で注目されていることは、発達障害を持つ子どもと母親との関係です。発達障害の子どもの場合、大半の母親は育てにくいと感じ育児に不安を感じ、相談を受けることがあります。子どもの行動には上記のようにこだわり、それが外れなかったりすることで行動に時間がかかり、親とすれば根比べ的な非常に疲れる育児になります。注意しても伝わらない、よく言われるのがスーパーで大騒ぎをして、購入するまで泣き叫ぶことがあります。親の気持ちをよそに子どもは自由に動き回り、大泣きしては他人に迷惑をかけてしまう。このような発達障害の子どもが持つ特徴を理解していても親は一番悩まされます。保育所の保育士は子どもの特徴をとらえながら、子どもの意思や思いを汲みながら、子どもの行動に添う形をとることができます。しかしその一方で、日々接している親は時には感情のコントロールができますが、子どもを叱りそれが度重なることで虐待化していくこともあります。次男が生まれた時から育児不安を抱え、精神科通院をしながらなんとか子育てをしてきた母親でした。しかし体調がすぐれない状況と子どもの行動が激化するときには、支援の不在が最も危険性を含んでいることを提示した事例でもあります。母親の育児サポートをどのように切れ目ない形で常に見守られるのか、突発的な事情によって起きてくる死亡事故を防ぐにはやはり、精神科医と保健師また保育所保育士の連携を常に取りながら、母親の子育て支援が継続してできるようにすることと、発達障害児に向けた療育支援の在り方の両方から支援体制を今後作ることが必要であると考えます。

第**5**章
保育所・幼稚園における親との関わり方

Ⅰ　親の心理についての概説と親への関わり

　児童福祉法等の一部を改正する法律案により、子育て世代に向き合った包括的な支援の体制強化及び事業の拡充が進められています。

　厚生労働省子ども家庭局では、2016（平成 28）年の児童福祉法改定以降、市区町村を含む子育て支援について 2021（令和 3）年には着実に整備は進められてきました。市町村では子ども家庭総合支援拠点（児童福祉）と子育て世代包括支援センター（母子保健）の設立の意義や機能は維持した上で、組織を見直し、すべての妊婦、子育て世帯、子どもへ一体的に相談支援を行う機能を有する機関（こども家庭センター）の設置に努めることとすると打ち出しました。2021（令和 3）年現在で子ども家庭相談支援拠点は 635 自治体、716 か所あり、子育て世代包括支援センターは 1603 自治体 2451 か所あります。この相談機関では、妊娠届から妊産婦支援、子育てや子どもに関する相談を受けて支援をつなぐためのマネジメントと「サポートプランの作成」などを担い、児童及び妊産婦の福祉に関する把握・情報提供・相談などの支援を要する子ども、妊産婦などへのサポートプランの作成、母子保健相談などを市区町村の業務とする位置づけを示しました。当然ながら児童相談所と協働することで、子ども家庭センターを中心に保育所（保育・一時預かり）を含めた対応にもなり、様々な資源による支援メニューをつなぐ役割も加わりました。

　その一方で「子ども虐待による死亡事例の検証結果等」についてそれぞれの相談機関が把握していた事例の情報が共有されず、深刻な事例に至ることもあり、双方が協力し一体となり対応することが必要になりました。

　特に保育所などの役割については、身近な子育て支援の場としての相談機能が示されました。子ども家庭センターの設置にあわせて、未就園児のいる子育て世帯を含むすべての子育て世帯にとって、物理的、心理的にも相談しやすい相談支援機関を、保育所などの身近な子育て支援の場を活用して、地域住民が日常生活を営んでいる地域にも整備することが必要と示しており、子ども家庭センターと保育所が連携を図りながら、子育て世帯を支

援していくことが示されました。

　育児に不慣れな親に対する子育て支援は保育所や幼稚園・認定こども園においてますます必要な役割機能になると思われます。家族も多様化し始め、離婚、再婚などによって従来の家族形態から大きく広がりをもち、子連れ再婚で作られる家族、内縁によって同居する人との家族など、子どもが生活する家族形態そのものが変化しています。この社会変化を理解した上で対応していくことが必要です。

　このように現代社会の家族形態の変化の中で、より一層保育所や幼稚園・認定こども園に入所（園）する家族（親や子ども）についても、深く理解を示すことが必要になってきました。子どもの幸せを考える上で、これらの問題に対応できる多様化する家族形態にむけたサービスの提供が望まれると言えます。

Ⅱ　発達障害の子どもと親支援

　同時に障碍者の自立支援が言われる中で、軽度の発達障害やその特徴や傾向を持つ子どもたちが一般の保育所・幼稚園・認定こども園に通所する割合が増えてきました。

　このように軽度の障害を持つ子どもたちが通常クラスに入り、一緒に活動しながら参加することはお互いに、子ども同士にとっても大切なことを知るよい機会になります。しかしその一方で高機能広汎性発達障害の場合、集団活動そのものを苦手とするため、活動においても子どもたちとの関係でうまく適応しないことが多く、その点でこの障害を持つ、また傾向のある子どもたちも活動参加は大変な状況となります。特に親にとってもどのように関わってよいか、本当のところはわからないということが多く、悩みとして出されています。

　軽度発達障害の特徴でもあり、高機能広汎性発達障害（アスペルガー症候群、自閉症傾向、ADHD・LD）の特徴を抱える子どもを持つ親に視点を置いて考えていきたいと思います。

事例 7

自閉症ＡＳＤ及びアスペルガー症候群の親支援

Ｐ男　男児４歳　年中児童　幼稚園通所

家族構成：父親 40 代前半　母親 30 代後半　妹 2 歳Ｑ子女児　4 人家族

問題行動：年中であり集団で遊べる年齢ですが、集団行動に参加できず自分のしたい行動だけ行い、自分のこだわっている遊びを黙々と続けている、一人遊びを好んでいました。

注意を促す幼稚園教諭には、行動を阻止されたと思い込み一方的に激しい怒りを向けて騒ぎ、パニック状態になることも園生活でたびたび観察されていました。そのためＰ男のために、クラス全体で楽しく活動していたことが突然中断されるなど、クラス全体に影響を及ぼすようになっていました。

① 「親の関わり、また障害についての理解」

父親はＰ男の様子をみて、「気にすることはなく、このように少し変わった子どもは昔からいた」という思いがありました。クラスで起こっているＰ男の様子を深刻に受け止められず、むしろ幼稚園でＰ男の活動ができないのは、幼稚園側の配慮がないことと関わりの不備を述べ、「このような子どもたちには、教員や子どもたちが暖かく見守り対応するべきで、それが幼稚園にはない」と語り、幼稚園側の対応の不備を繰り返し述べるばかりでした。

母親は、日々のＰ男の様子をよく見ており、集団活動できない状況から果たして小学校で適応できるかどうか、将来にわたり不安や心配を募らせていました。父親に相談しても埒が明かないと、父親ではなく幼稚園教諭に相談することが多くなっていました。

> **事例 8**
>
> ### ＡＤＨＤ（注意欠陥多動性障害）の親支援
>
> ５歳　年長児童　男児　Ｓ男
>
> 家族構成：父親 30 代前半　母親 20 代前半　本児Ｓ男の 3 人家族
>
> 　母親にもＡＤＨＤの疑いがありとＳ男の通っている小児保健センターで指摘されていました。
>
> 　問題行動：保育活動中に集中せず、じっとしていることができない。活動中に制作ができなかったり、気に入らないことがあると物を投げたり「キレル」ことが頻繁に出てきます。
>
> 　椅子に座ることができない、いつも立って歩く、集中力に欠ける、人の話を聞いているようで聞いていない、何度も繰り返さないと理解できず、Ｓ男も強く言われることに反発して暴言を吐き、保育士に向かって叩くなどの行為が見られました。

①「親の関わり、また障害についての理解」

　父親は日ごろからＳ男の様子を見て、Ｓ男の持っている障害についての理解はよくなされていました。

　Ｓ男の落ち着きのない様子から、これから小学校に進級して、担任の先生の話をよく聞くことができるだろうかなど、来年の就学を目の前にして父親の不安は深まり、大丈夫だろうかと心配をしていました。特に同じクラスの男児とは玩具の取り合いで、よくケンカをして「キレル」状態に陥り、怒鳴り、体力のあるＳ男が相手の子どもを殴り怪我をさせてしまうことを心配していました。

　このようなＳ男の攻撃性や衝動性が収まる方法はないかと思案している状況でした。

　母親は、Ｓ男をケンカ早い子どもとしてとらえており、自分の小さい時とよく似ているという話を回りの人にしていました。特に ADHD についての特徴を取り上げて話すこともなく、保育所時代はのびのびと遊んで生活してよいと語り、保育所での対応困難になっているＳ男の ADHD の特徴については深く理解をしていない状況でした。

②「保育所での出来事」

　いつものように玩具の取り合いで、同じクラスの男児と取っ組み合いのケンカになり、

S男は相手の子どもの顔を殴り、鼻血を出すという出来事が保育活動中の午前中にありました。担当保育者はケンカの原因の理由を聞きながら、「人をなぐることはよくないこと」とS男をたしなめました。するとS男は地団太を踏んで「なんだよ」と暴言を吐き、担当保育士に殴りかかり、そばにいた何人かの保育士がその行動を止めに入り、一度は収まりましたが、S男はそのことが面白くなく、帰りの母親がお迎えの際、そのケンカした相手の男児を背後から、思いっきり突き飛ばしました。すると車道にその子どもが飛び出す形となり、危うく車にひかれそうになりました。そばで見ていた相手の母親が血相を変え、保育所に戻り職員室で大騒ぎとなりました。S男の母親はこの状況を見ていたにも関わらず、相手の母親に謝ることなく、血相を変え怒りまくる母親に触発され、2人の母親が職員室で大ゲンカとなりました。その後突き飛ばされた子どもの母親は、一歩間違ったら殺人事件になると騒ぎ出し、保育所内では大きな問題となり、収拾のつかない状況になってしまいました。

③「保育所での対応」

　保育所では職員会議を開き、この出来事とこれからの対応について、職員間で共通理解を持って対応することや、S男と両親への対応を検討しました。

　(1) 父親はS男の保育所生活の様子を理解しており、症状について通院している保健センターからの指示があるなど、これからの将来にむけて心配していました。

　(2) 母親については、S男と同じADHDの症状と傾向を持っているという前提で、母親に話す際の対応を考慮していく必要があること、特に注意されたとか、怒られたとかという、内容ではなく表面的な感情でしかとらえることができないため、優しく、静かに穏やかに接して話を聞き、事実だけを伝えていく必要がありました。

　(3) S男については、小学校進学を目前にして、人とのかかわり方やしてはいけないことにはどのようなことがあるか、また自分の気持ちの中でコントロールができるかどうか、コントロールができなくなった時はどうするか、S男に考えてもらうことが必要になりました。さらに注意することや怒ることがS男にとっては怒りの行動を助長するため、静かに穏やかに言って聞かせる対応が必要ということも確認されました。

　(4) 保育所としてもS男だけの行動を常に見ていることはできないことを両親に伝え、小学校進学に向けて、支援学級での入学を視野に入れ、医療機関との連携を保ちながら、S男の示す「キレル」行動を他の子どもたちに向けて、けがをさせたり傷つけな

　いようにすることを考えていくことが課題となり、この課題にむけた対応を考えてい
　くことにしました。

④「両親の思いとそれぞれの関わり」

　両親間ではＳ男に対する理解が異なっており、父親は小学校就学に向けて不安を感じ
ていました。その一方で母親は小学校に行ったら、Ｓ男もいろいろなことに気づき、こ
のような行為は収まると勝手に思い込んでいました。

　このように両親間でＳ男に対する思いや対応が全く異なっていることが、育児の一貫
していない関わりにもつながっていました。そこでこの大きなずれを扱いながら、両親間
で１つの共通理解を持てる作業を考えました。もちろん衝動性や攻撃性を持ち合わせなが
ら、医療と連携しつつ、将来どのような大人に育てていきたいか、将来に目をむけた方向
性を持って対応していくことを試みました。

⑤「接点を見出す関わり方」

　母親にとってもＳ男が将来どのような大人になるのか、とても関心がありました。そこ
で父親と母親の２人揃ったところで、どのような子どもに、また大人に育てていきたいか
話し合いの場を設けることにしました。

　母親は、いま落ち着かないけれど、小学校に進級したら落ち着いて勉強ができるように
なってほしいという希望を述べていました。父親はＳ男の行動で、できないことがあると
すぐ癇癪を起すので、癇癪を起さず穏やかに物事に取り組めるようになってほしいという
希望を語りました。２人の接点では将来のＳ男の姿には、学校生活を落ち着いて穏やかに
過ごし、友人との関係をうまく築けるようになること、できないことを最後まで頑張って
取り組めるようになることなどの一致した方向性を見出すことができました。

⑥「面接経過」

　母親３回
　家族面接　６回
　保育所観察　３回（問題とされる行動を示した後の保育場面）

⑦「結果」

Ｓ男の保育所場面で展開されるＡＤＨＤによる「キレル」行為は母親にも当てはまり、Ｓ男の行動への指導と同時に、同じ特徴を持つ母親への関わり方にも考慮しなければならないことが保育所間、保育士の中で共有できる確認事項となりました。特に注意することや怒るなどの行為に関しては、起こした内容そのものよりも、その行為に反応することを理解することが必要だったと知ることができました。相手側の母親がものすごい剣幕で、怒り、まくし立てると、それに対して申し訳なかったという謝りどころか、輪をかけて怒鳴りだす母親の行為を見ていると、母親の考えや反省が深まらない状況に陥った時には、何を言っても収拾がつかなくなってしまうことが分かったからです。保育所はあくまでも集団生活が主になるため、他の親との関わり方を重視していかなければなりませんが、このような衝動性、攻撃性を持つADHDの特徴傾向のある親の場合は、他の親との関わりを保育所保育士側が十分留意しなければならないと考えさせられる事例でした。

　結果的にＳ男は小学校も最初特別学級情緒のクラスに入級することになり、そこで自分の感情との向き合い方から人との関わり方までをゆっくり学ぶことになりました。父親、母親はＳ男の将来にむけた歩みを確認することで、保育所と家庭が連携をとることが、最後にできましたが、とても難しい事例でした。

第6章

家族の抱える問題と子どもの発達

Ⅰ 乳幼児に必要な家族環境

　家族関係や夫婦関係が乳幼児の成長に影響することがあります。社会問題としては、養育の問題があげられます。連日のように虐待により死亡した子どもの報道や母親による育児不安や育児ノイローゼなど養育の問題が浮上しています。これらの問題の背景には、養育者（母親、父親を含む）家族の問題も大きく影響を及ぼしています。1つは親が親になりきれないまま、親子の関係や家族関係をつくることが深く関係していると言えます。若年妊婦による望まない妊娠や慌てて入籍をするなど、順序が逆になってしまうことも多く、本来結婚をすることで家庭を持ち、そこに新たな家族を迎えるということを重視しなくなってきたことも影響しています。また順序よく家族を作ることになっても、子どもが生まれることで、子どもの気持ちを読み取れないなど乳児の扱いに不慣れな状況に育児不安やノイローゼになる母親も見受けられます。子どもの命をどのように受け止めていくか、命のありようを考えながら育てていくことが求められています。このように親との出会いから始まり、絆つくりをすることを喜びとできない関係性を改善することが必要になっています。親によって命を失うことを防止するための支援こそが必要です。生きる喜びや親の愛情に触れ穏やかな気持ちを体験する、情緒の安定を得られる関係性を築くことが必要です。心身ともに健全な親子の関係の絆つくりを改めて大切な事項として考えていくことが必要であると思います。

Ⅱ 家族関係等がもたらす影響

1）乳幼児のいる家族について

　従来の家族機能の役割に、子どもが心身ともに健康で育つための役割機能が重要であると言われています。しかし家族機能の低下がもたらす弊害は、本当に子どもたちが心身ともに健康に育っていけるかどうかに関係してきます。子どもの健全な心と体の成長には、

無条件に愛護される養育環境と子どもが育つための人的存在、親や親に代わる養育者（祖父母など）とのしっかりとした関係つくりが重要で、現在社会の養育問題の対策に掲げられています。しかしその一方で母親の育児不安、育児ノイローゼ、児童虐待などの問題があげられ、子どもを健康に育てられなくなっています。

　このような養育問題を支援していくことが、これからの保育では重要になっています。具体的には、子育て支援として「親支援の取り組み」がやはり課題に挙げられています。

2）愛着関係の重要性

　出生後の母親と乳児の相互作用に着目した研究にブラゼルトン（Brazelton & Als）などがいます。彼らの研究は専ら出生後早期段階で乳児とのやり取り（相互作用）の重要性を示し、母親（養育者）と乳児の関係に焦点を当てています。出生後に体験する新たな世界とそこで出会う人との関わりが重要で、母親の胎内から外に出た瞬間からいろんな刺激を受け乳児は泣く、この行為を通じて自らの意志を母親（養育者）に伝えます。そして母親（養育者）は泣いて要求している乳児に声をかけ、乳児の要求に応え、不快な状況を回避させることができます。乳児も母親（養育者）の対応に応えるように、母親（養育者）の声のする方向を向き、自らの要求を聞き入れるかどうかを伺う様子が観察されています。すでにこのように乳児から傍にいる母親（養育者）への関心が始まり、要求に応える母親（養育者）との間に強い絆つくりが始まると示したのでした。

　出産直後の初期段階から、母親（養育者）などの特定の人物との間に情愛的な絆を築く関係性には、乳児の情緒的に得られる安心感が、乳児の心の発達に影響すると考えられます。

　乳児に必要なことは、母親（養育者）からの呼びかけや心地よい関わりが築かれるかどうかが、愛着形成（アタッチメント attachment）に繋がります。しかしその一方で、最初からこのように乳児との関わりに課題が生じてくる場合には、乳児の要求にうまく応えることができない母親（養育者）と乳児の関係性が起きてきます。まず予期せぬ妊娠の結果、生まれてきた乳児が邪魔となる場合があります。この場合自分の人生において必要のない命となってします。養育者は生かすよりも消す方向で対処を考え始めます。

　幼い命と母親を守るための受容ができる相談機関の設置が必要になります。次に関係性を作ろうとしても思うように乳児と意志が通じない場合が出てきます。子どもになんらかの発達傾向の課題や発達の遅れがある場合には、どうしても関わりが持ちにくいことが生

じてきます。いくら働きかけても応じることなく泣き続けている乳児をあやすことは難しく、対応している養育者が疲弊してしまうことになります。この状況を即時に捉え、関われる保育者は母親の状況とあわせ子どもの発達支援に上手にかかわり介入することができます。

　一人孤独にならず子育てが追い込まれる状況を作らないシステムが必要になります。子育て支援拠点事業での子育て支援者によって相談出来るシステムを作ること、同時に保育所に入所させるなど一人で抱える環境を改善することが必要になります。

　子育て支援センターでは同じ仲間同士の存在を確認しあうことができます。時には育児に手を抜くことや関わり方を変えるなど、先輩ママからの助言が助けになります。たいてい子育てを一人で抱えてしまい、解決策が見いだせない場合に児童虐待が起きることが多いからです。乳児を邪魔な存在からやり取りができる大切な関係へ、また育てにくい子どもを回りのサポートを得ながら子育てしていく方法へと変化させ、母子間に起きる相互作用のやりとりが作れない母親（養育者）への支援を確実に考慮していくことが虐待防止に繋がると考えることができます。乳児の気持ちを察する前段階で、乳児が母親（養育者）以外の別の対象に愛着を向けて対応する行為が見られることがあります。本来母親に求める愛着対象を他の人に求める場合、ますます母親と乳児の関係性が疎遠となり、作りづらくなってきます。乳児自身に応えられる母親（養育者）に向けた、母親と乳児との関係性の取り方が深く影響しています。

　愛着関係をうまく作れる母親（養育者）には、乳児が要求や訴えに対応できる読み取りができるからです。乳児の抱き方や乳児に向けての言葉かけなど、乳児の思いを読み取ることもできるからです。タイミングよく乳児も応答を繰り返し、関係性が深まっていきます。その一方で、日々保育所内での０歳児の乳児保育を行い乳児との関係性を築くことは比較的作りやすいですが、保育所降所後、自宅で保育をする母親（養育者）の読み取り支援（メンタライゼーション）が乳児には必要になります。そのため保育者は乳児と母親との関係性を観察し、母子関係に必要な関わりを母子関係に向けた相互作用機能である読み取り（メンタライゼーション）をできる母親支援を行うことが重要になっています。

3）乳幼児と母親との関係性について

　乳児の心の発達には信頼できる人（母親・養育者）とのしっかりとした絆を日々作り、発達の中で関係性が深まる体制を作る支援「母子相互作用」が必要になります。

この母親との関係性「母子相互作用」について研究した人にボウルビィ（Bowlbly.J）がおり、彼は新生児に備わっている本能的な機能と、母親側の関わりや働きかけによる相互作用によって「母子相互作用」が作られると述べています。その一方で母親からの応答に応じない、いわゆる子育てしにくい子どもが課題となります。乳児自身の気質や特徴もあり、またなにかしらの課題を持って生まれた場合には、母親の欲求にタイミングよく対応できないことも出てきます。

　このような母親の行動の繰り返しによる関わりに応えられない乳児に向けた支援が重要で、乳児の見せる行動や態度を保育士が見本として提示することも必要になります。またしっかりと乳児に向き合える母子関係を支援することも重要です。そのための母親と乳児との関わりを支援することも重要な乳児虐待防止となります。

4）乳児と母親との相互作用

　児童虐待防止の1つに母親との愛着形成が重要であることは否めない事実です。特に母親になるための愛着形成に繋がる支援が、母親と子どもの関わりを作る上で最も重要になります。

　昨今の研究では出生前の関わりを重要視し始めており、出生前診断も行われ、事前に障害の有無も分かるようになりました。病気と障害の有無が生まれてきた時の子どもの課題となっていますが、医療の進化と研究では胎児の様子が胎児モニターと超音波で詳細に示されるようになりました。ベニー（Verney & Kelly、1981）の研究では、すでに妊娠中の出生前から母子関係の対話が始まり、胎児が母親の声を認識し、聴覚的コミュニケーションを取り始めると示しています。また母親の子宮内で母子関係を作り始める様子を明らかにしました。

　この研究の重要性は、妊娠期の母親の示す激しい怒りや不安感情並びにストレスが胎児に直接伝わることを明らかにしている点です[1]。

　この出生前からの胎児と母親とのやりとりは、妊娠中の母親支援と同時に胎児の命を尊重していく大切なプロセスであることも分かってきました。出産前の関係性から出生後の親子の関係性に広げ、早期段階で妊婦に知られていくことも児童虐待防止を防ぐ意味において重要であると考えます。乳児からのメッセージを読み取る関係性と愛着形成に繋がる支援が必要であるからです。これにより妊婦と胎児及び出生直後の乳児との関係を作る支援の必要性がますます必要になると考えることができます。

5）母親（養育者）の関係性を促進する支援

　虐待防止の一端として、できるだけ乳児の個々のやりとりができる支援にするには、乳児とのやりとりが瞬時にできる保育者がモデルとなります。では保育者がどのような場面でどのように乳児に声掛けをしているか、どのように乳児を抱き、あやし、関わっているかなど、保育者の持つスキルを、養育者（母親）に伝えることも大切や役割となります。関わりの1方法には遊びを通して、親子のやりとりを促す方法も重要なツールとなります。

　日本には、子育て儀式と行事が古くから関係しており、子どもを大切に育てる思想や風習が残っています。特にその地域の特色を生かした地域社会の一つの行事としても継承されてきた歴史があります。子どもの成長に添い、年齢の節目で、初節句、七五三、ひな祭り、1歳の誕生日に一升餅を背負うなど、いろいろな催しとして家庭だけでなく、地域全体で執り行われてきました。子ども達もその地域の中で皆の目に見守られながら、地域の共同体として認知されて育ってきた歴史が深く関係していました。

Ⅲ　家族環境の課題と親支援

1．諸外国と日本の子育て支援事情について

（1）フィンランドの子育て支援　—ネウボラ（子育て支援施設）からみた支援方法—

　フィンランドの子育て支援の歴史をみると、1917 年ロシアからフィンランド国として独立した当初、フィンランド国政状況は福祉政策が整備されておらず、国全体が経済的にとても貧しい状況下に置かれていていました。そのため当時妊産婦及び乳児の死亡率が非常に高く毎日のように死亡するという歴史的背景がありました。この状態を改善するべく一部の小児科医と看護師や助産師が母子保健に奔走し、妊産婦の健康と生まれてくる乳児の命を守るための支援を行なっていたことが発端となりました。彼らが行った方針の1つに、母親と乳児の命を守るための安全確保と健診が繰り返されていたことがあります。しかし当時のフィンランド国民の大半は、生活が貧しい状況下で、殆どの妊産婦が健診すら受けられる状況ではありませんでした。その一方で、国とは別に民間主導型と言われる育児パッケージ給付（母親手当に必要な現物）が開始されました。これがネウボラの出発点と言われています。出産後の母親や妊産婦を対象に現物支給が受けられる支援を広めていきました。以前は検診そのものを受けなかった妊産婦たちが、このパッケージを貰うために健診を受けるように変化してきました。その結果、確実に母子健診を受ける妊産婦も増

え、フィンランド国内に定着し制度化されていったという背景がありました。このような困難な過程をくぐりぬけできた施策であったと言えます。保健師や助産師による自宅訪問支援事業も始まり、フィンランドの各地域のネウボラ（子育て支援施設）が妊産婦や出産後の母親や乳児に利用しやすい場所に作られ、妊娠から出産、そして子育て環境へと支援の幅が広がり確実な支援体制ができあがっていきました。その結果、乳児の死亡率並びに妊婦の死亡率も低下し、2000年以降では定着した支援内容を2つに分け、1つは妊娠期から周産期まで対応する出産ネウボラと、2つ目には後半部分の周産期から就学前（0歳から6歳）までの子どもネウボラを統合して2つの動きがフィンランド国内に広がっていきました。これらの2つの支援策のメリットは、保健師が一貫して妊娠、出産、育児まで母親に添い対応できる支援体制が定着していったことと考えられます。その一方で親の失業、両親の不和、離婚を始めアルコール依存、中毒、うつ病などの家族も増えた状況でもありました。しかし何よりもこの状況には児童虐待予防も含まれ、手厚い支援が施され、児童虐待の早期発見が国内課題に取り上げられていくようになりました。

2. 保育内容と乳児保育にむけた健康支援

　乳児保育の内容には3つの内容が記載されました。

　1つ目は基本的事項であり3項目が詳しく示されています。

　①乳児期の発達は、運動機能（視覚、聴覚、座る、這う、歩く）が著しく発達する時期で、特定の大人との応答的な関わりを通じて、情緒的絆が形成されるため、愛情豊かに応答的に関わることが特に必要です。

　②「ねらい」と「内容」について、身体的発達の視点である「伸び伸びと育つ」、社会的発達に関する視点「身近な人と気持ちが通じ合う」、精神的発達に関する視点「身近な物と関わり感性が育つ」の3つの視点に整理されています。

　③養護の中にある「生命の保持」及び「情緒の安定」に関わる保育内容と一体し、展開されることが留意点です。

　2つ目には、第3章「子どもの健康支援」が加えられました。

　①子どもの心身の状態に応じた保育を行うことです。

　　　このことは子どもの健康状態には、その子どもの特徴と発育は深く関係があり、発達状態により親の関わりを見ていくと児童虐待につながる気づきの1つになるからです。

②子どもの成長状況を定期的に図りながら健康状況を把握することです。

　　新たに家庭や保育所での生活の振り返りになるからです。状況把握によって、子どもがどのくらいの成長過程にあるのか、子どもの心身状態を観察することで不適切な養育の兆候があるか否かなどを知ることにもつながるからです。

③保育所のみの判断ではなく市町村や関係機関と連携し、児童福祉法第25条にある「適切な対応を図る事」や「虐待が疑われる場合」には、市町村または児童相談所に通告して適切な対応を図ることなど健康領域に広げることです。

④乳幼時期は、脳神経系が目覚ましく進化を遂げるため、疾病などを含む出生前及び出生時の健康状態や発育状態並びに生育環境の影響など、子どもの発達の個人差を含めた成長と子どもの育つ環境である養育者の関わりを見守ることです。

これらの内容が重要視されることになりました。

事例9

双児を抱える家族と親支援

家族構成：父親 30 代後半　母親 30 代前半　祖父 60 代前半　祖母 50 代後半

双児　男児Ｔ男　1 歳 4 か月　男児Ｕ男　1 歳 4 か月

二人ともＣＰ（脳性まひ）の疑いがあり、育児不安、ハイリスク、虐待傾向群及び虐待群

家族背景：農業　地主

妊娠 8 か月から妊娠中毒症を患い、しかも双子という危機的な状況の中で 2 か月早く 1000g 以下の超低体重児を出産しました。帝王切開による出産であったため母親自身の治療が必要なことや保育器での養育が必要となった二人の乳児のために、3 か月間は病院で生活をしていました。母乳を絞って与えていましたが、二人とも体重が増えず最初から育児不安が高い状況でした。しかも婚家の舅姑や父親は、低体重児で生まれた孫が小さく、その様子があまりにも弱々しいため、快く思わずにいました。「弱い子どもを産んだ身体の弱いダメな嫁」というレッテルを貼っていました。

しかも双子にはけいれん発作が起きており、医師より二人とも将来脳に障害を持つ可能性があるといわれ、母親は一人で落ち込んでいました。このため実家に 2 か月滞在し、その後婚家に戻りましたが、二人の乳児は哺乳力も弱く、体重が増えない発

達の問題を抱えていました。3世代同居家族ですが、農家では一場忙しい農繁期にあたり、舅姑や父親は母親の育児に手を貸せない状況でした。時折実家の母親がやってきては育児を手伝ってくれましたが、婚家である現在の舅姑に「遠慮して」すぐに帰ってしまいました。そのためほとんど二人の養育を母親一人で担っていました。3か月検診で母親の育児不安が高く示されたことから、ＣＰ（脳性まひ）の疑いのある双子の養育に、母親の心理的負担が大きくなっていることも示されていました。リスクアセスメントにおいて高い指標が示され、検診で見せた母親の様子が保健師たちの目に留まり、通常ではない大声で二人を叱る母親の姿や大泣きする二人の子どもたちに、周囲の親子が驚いて見ている状況でした。二人の子どもたちには将来障害が起きることが既に予想されていることや母親自身が「小さく生んでしまった私の責任」と自分を責めていることや、父親も母親に対して「農家に通用する子どもではない」と考えているところがありました。この環境でますます母親は育児不安を強めていき、思い通りに育たない子どもにいら立ちを感じていました。

　二人の子どもたちに関しては、食が細くやせており、眠りも浅くしかも大泣きをすることが多く、育児不安につながっていました。

　父親を含めた婚家は、母親に対してどのような精神状況でいるか、母親の気持ちを誰も理解しようとせず、「弱い子どもを産んだ嫁」と責めていました。さらに「障害があるかもしれない」ということは、婚家先の家族には、将来農業を継げる後継者にならないのではないかという不安を助長させ、母親は家庭内でも孤立していました。この家族環境が、母親の気持ちを萎縮させ、二人の子どもを抱え不満が言えない状況に追い込まれていました。

　母親は関係者からの紹介で、二人を連れて親子の遊びを行う「親子ふれあい教室」に参加してきました。最初は実家の母親が一緒に参加して遊びをしていましたが、途中から農繁期も終わり婚家先の祖母が参加するようになり、姑と母親が車に乗り二人の子どもと一緒に参加するようになりました。すると時間がある時に父親が大きなワゴン車で姑、母親、二人の子どもたちを乗せて送迎するようになり、家族で二人の子どもたちの育児が展開し始めました。確かに他の子どもに比べて発達は遅く、歩ける状況ではありませんが、ゆっくりとした発達をする二人の子どもたちの成長に理解を示すようになり、母親と姑の二人で育児が行われるように変化しました。

　「親子ふれあい教室」に参加することをきっかけに批判的であった舅姑が、協力的

に育児に参加するようになり、母親を支えるようになりました。「弱い子どもを産んだダメな嫁」のレッテルから「小さくとも一生懸命生きる大切な孫と育児をしている嫁」に意識が変化していきました。歩行が困難な二人については、療育センターでリハビリが開始され、ハイリスクであった母親の育児不安が解消され、母親は家族に見守られ安定した中で、二人の子どもの育児が行えるようになりました。

事例10

外国籍の家族と親支援

家族構成：父親 40 代半　母親（中国国籍）30 代前半　女児 1 歳 6 か月　V 子
　　　　　父方祖父 60 代後半　父方祖母 60 代半ば　稼業　代々続いた農家

　結婚斡旋業者による紹介で、母親は中国より日本の農家に嫁いできました。
　父親とは出会って 3 回目で結婚しました。特に母親の希望である日本で生活がしたいという理由が背景にありました。しかし中国に残した両親や妹たちのために、送金は欠かさずしていました。
　娘の 1 歳 6 か月検診で、祖母より「孫の様子と嫁の様子が気になるので直接見てほしい」という依頼の電話が保健師にありました。そのため検診に来ていた親子を保健師が観察したところ、他の親子とは会話がなく、同じ検診を受けに来ていた親子とはかけ離れた場所に座っているのを見つけました。母親の表情は暗く、話しかけても日本語が通じない状況で、子どもの言葉の遅れも同時に観察されました。子どもは母親の表情や状況を見て母親に合わせている様子も観察されました。子どもには母親が話す中国語に頷きながら答える姿がありました。親子の様子から、集団の遊びが必要と保健師が判断し、町で開催している保育園主催の「親子ふれあい教室」へ参加をすすめることにしました。「親子ふれあい教室」には子どもを連れて参加してきましたが、周囲の母親たちとは打ち解けず、他の親子と関わるそぶりもなく、親子はその場にいるだけの時間だけが過ぎていきました。「親子ふれあい教室」参加後の個別相談では、母親は笑顔を見せていましたが、保育士が質問をすると黙り込み、下を向いたままの状況になってしまいました。
　「親子ふれあい教室」の参加を連絡なしに 2 回欠席したことから、保健師と保育士で家庭訪問をしました。祖父母に会うことができましたが、母親は調子が悪いから会

えないと言って居間には出てきませんでした。

　祖父母は、今回の結婚について、稼業である農業を継いでくれる人であれば、国籍は問わないと思い今回の結婚には賛成しましたが、日本の文化になじもうとせず、頑なに中国のしきたりや文化を誇示してそれを生活に入れてくるので、一緒に生活しても関わりにくいところがあると語り、家族の中でも母親が自分から関わりを閉ざしている状況が見えてきました。

　子どもはとてもよく祖父母になついていました。しかしそれが母親には気に入らないようで、祖父母の傍にいる子どもの名前を呼び、自分の傍にいないことを怒り出しました。その状況をみていた父親が子どもを呼ぶと、それが悪いと今度は父親に向かって怒鳴り出しました。状況としては家庭訪問で他の人がいる中で、周りには目を向けず感情をあらわにしている母親の態度が異様に見えたのでした。むしろ母親の追い詰められている精神状況が示されました。祖父母そして父親は、このような母親のいらだちにどのように対応していいかわからず手をこまねいている状況でした。子どもは１歳６か月ですが、祖父母と父親そして母親の間の関係を上手に動き関わり、しかも母親が来ると、母親のいら立ちの様子を感じて母親の傍にいて、母親の気持ちを感じて合わせているように観察ができました。

　子どもの言葉の遅れについては、母親が日本語を話さないことや母親の言葉かけが中国語であることで、日本語はわかったうえで母親に配慮してわからないふりをしているのではないかと疑われる節がありました。家族関係で生じる問題が子どもの言葉の遅れにつながっていることが確認され、支援された事例でした。特に外国国籍を持つ母親は、自国の育児方法と日本の育児方法の違いに混乱し、問題が生じやすくなります。

　自国の育児方法にこだわりを持った場合、それが結果的に日本の文化や生活になじみにくい傾向が示されています。しかも言葉の問題や異文化による結婚、出産そして生活、子育てという課題のある場合、対応が難しく言葉の問題以前に本人がどのように、日本の文化になじもうとしているのかという意識を問題として受け入れていることが示されました。

事例11

精神疾患の家族と親支援

　家族構成：父親20代後半　母親20代前半　長女3か月　W子

　家族背景：母親はW子の妊娠がわかり、そのことを父親に伝えて、あわてて入籍・結婚した父親、母親でした。しかしこの状況で父親のギャンブルによる浪費と借金が浮上し、父親と母親のケンカが絶えない日々が続いていました。母親は妊娠による体調不良と合わせ様々な問題が出てくることで切迫流産の恐れが出て、入院、退院、再び入院を繰り返す中で、実家に戻りW子を出産することができました。産後うつ症状が出始め、退院1週間目で高熱を出し急性腎盂炎で2週間入院し、ようやく1か月が過ぎました。入院中に父親は生まれた子どもを見に来ましたが、喜ぶわけでもなく父親の態度に母親は怒りを感じるようになりました。

　父親は定職を持たず次々とアルバイトを変え、稼いだ金はすべてギャンブルにつぎ込み、生活そのものが苦しく、母親は自分の実家から送金をしてもらい子育てするようになっていきました。母親の産後うつがさらにひどくなり、「夜泣きで眠れない」と訴え育児不安に陥っていました。産婦人科からの紹介で精神科を受診、投薬治療が始まりました。また同時に市の窓口に行き、保育所入所を前提に予約をいれ、入所までの間、保育所で開催する地域子育て支援センターに参加を勧められました。

　保育所では市役所から相談を受けた事例で、精神科で投薬治療を受けていることを鑑み、保育者を一人付けた中で「親子ふれあい教室」への参加の見守りをしました。また子どもの体重が増えないことで小児科医、栄養士も加わった中での支援が開始されました。

　母親の状況については、その日によって全く別人になり、笑ってとても愛想がいい時があるかと思えば、全く調子が悪い時には挨拶もせず、表情も乏しく子どもの面倒がみられない状況であることなど気分の変動が激しいことが示されました。生後1か月から2か月にかけては父親の外泊が続き、それも母親の不安要因になっていました。このようにハイリスクを抱えた親子の場合、母親のストレスが高じやすく、継続的な疲労感を伴う場合には安定した育児環境が得られないことが問題になります。しかも育児不安の状況がいつ虐待へと移行するか危険性が高まっていきます。今回保育所では市役所からの紹介で地域子育て支援の一環として親子を受け入れましたが、

母親の状況は一進一退で児童相談所の関与もあり、さらに子育て支援の必要性が出てきました。

　このようにハイリスクを抱えた場合には、母親自身、改善しようとしてもできずにもどかしい思いを持っています。うまく子育てができないどうしようもない苛立ちとともに、不甲斐ない自分への怒りも出てきます。育児不安を解消するためには支援事業をできるだけ多く地域につくり、現在通院している精神科医や保健師、市役所の職員、保育所保育士で支援を行うことが必要になります。特に危険性を伴う児童虐待防止への方法を考えなければなりません。児童虐待に移行する前に手立てを考え、将来に向けて親子の関係性をよりよい方向性に展開する支援を行うことが必要になります。

　将来社会を担う健全な子どもの育成が行われるように、親に向けた支援が必要になります。家族関係のサポート体制が形成されて母親が精神的に安定すると、環境全体が変化をし、母親の精神的安定が図られるように良い方向に展開していきます。しかしその一方で虐待をしてしまう親支援には、なぜ虐待してしまうのかを問題として掲げしっかりと対応しなければならないことも言えます。そしてこの連鎖を断ち切り、育児不安から児童虐待へと問題を深刻化させないようにすることが必要です。地域の中で、みんなの力でハイリスクの親子を支え、見守ることを大切にし、このような事例を、検討課題としてしっかり読み、研修の１つに捉えていくことも必要であると考えます。虐待に移行する前に子どもの心身発達でどのような特徴があるのか、また問題点として家族の関係や夫婦関係である家族の背景にも十分配慮した関わりが求められています。

第7章

育児不安の解消にむけて

Ⅰ　育児不安を抱える現状と課題

　日本においては、半世紀前までは妊産婦や新生児が栄養面また生活での不衛生から多数死亡してきた時代がありました。そのため妊産婦や新生児を守るために1965（昭和40）年に母子保健法の中で、「妊娠届」を提出し、「母子健康手帳」が公付されるようになりました。このことにより妊産婦にむけた健康診査の拡充が図られ、妊婦の健康と新生児の健全な育ちが保証されるようになりました。それらが流産の防止につながり、妊娠中毒症や早産予防など医療技術の開発で無事に出産できるようになりました。しかしその一方で医療技術の進歩とともに、2500ｇ以下の低体重の赤ちゃんの出産が1995（平成7）年を境に増えつつある状況となりました。特に1000ｇ以下の超低体重児の出産は、養育が大変で、これらの養育負担を考慮に入れた、母子保健サービス内容の充実が必要になりました。「未熟児養育医療給付」の提供はその1つで、未熟児を持つ親への負担軽減のための支援が手厚く施されるようになりました。特に低体重児の特徴として挙げられる、病気になりやすいこと、また周囲に敏感に反応するため、緊張感が強く、夜泣きがひどいことなど、母親自身も通常の育児よりもはるかに心労がかさみ対応に苦慮しなければなりません。そのため母親の育児不安のリスクも高くなり、このような低体重児の子どもを持つ親への支援が重要な役割になっています。

　一般的に「育てにくい子ども」の生活状況と育児には支援が必要だからです。むしろ母親が低体重児の育児を一緒に楽しめるような工夫と支援が保育者の役割になります。ゆっくりと育つ子どもの成長を喜べる親子の関係性を築き、不適切な関わりを未然に防止する取り組みを行い、仲間作りをしながら「低体重児の子どもだからこそ育てにくい」という共通理解を持ち、大変さを共感できる仲間との育児を展開することが解決策につながります。そのためには医療機関や保健師などの多様な専門家達との協働をつくり支援を考えることが重要となります。

Ⅱ　地域子育て拠点事業と通じて（親子ふれあい教室）

　育児不安を抱える支援には、「育てにくい子ども」への支援ということで表すことがあります。その背景には夜泣きをして母親が眠れず、低体重児で小さく生まれたことによる、食の細さや身体の発達や栄養面での不安材料が大きく、懸念要因として発達を含む生活全体から様々な課題が出てくることがあります。しかも周囲に敏感で、些細な物音にも敏感に反応してしまう特徴を持ち合わせており、少しの物音で目がさめ、なかなか寝ないなど神経質であることも育てにくさの要因になります。

　このように様々な要因をもった中で、上手に育児ができる母親と育児困難をきたしやすい母親がおり、この両方に支援をしなければなりません。特にその中でも育児不安が強く育児困難をきたしやすい母親には、不安や悩みなどが話しあえるような、母親同士が集まり互いに思いを語り合える場所と、親子が関わり、遊びを体験できる場所の提供が必要になります。育児不安に関しては、地域の専門家（小児科医、臨床心理士、保育者、ＳＳＷ、児童福祉施設の職員、保健師）が、育児不安の強い母親にむけて個別面接を通じて孤独にならないように支援する必要があります。遊びを通して知り合った友人とさらに友人同士で集まり、グループディスカッションが自然にできるように配慮し、地域の中で親子が一緒に楽しく遊べて、お友達がつくれるところ、また活動できる仲間と一緒に子育て支援できる場所が必要になります。

Ⅲ　これからの親支援と子育て支援にむけて

　乳幼児が示す問題行動と親の関わり方については、乳幼児が生活する保育場面では様々な問題行動が示されることがよくあります。家庭での対応がそのまま園に持ち込まれることが乳幼児にも見られるようになってきました。親からの十分な愛情を得て家庭生活を送っているのか、そうでない状況かは子どもの様子から伺い知ることができます。同時に人生の最初とされる乳幼児期にしっかりと愛着関係が築かれた子どもとそうでない子どもとでは、その後の子どもの発達にとても影響を与えてしまうことがあります。この時期に子どもが体験する情緒の安定は親からの惜しみない愛情を受けることで安心感につながります。

　子どもが体験する安心感や安定した愛着関係が得られなかった場合として、園生活でも

同様に荒れたり、泣いたりといった問題行動を起こすことが観察されます。このことを踏まえて愛着関係がうまく築けない子どもの問題行動と家族の関係性など、関連を考えていくことが必要になります。

①愛着形成の歩み

　出産前の胎児について研究が進み、現在では胎児用モニターと超音波で体内にいる胎児の発育や健康状況の様子が詳しくわかるようになってきました。特に出生していない胎児が実によく周囲の音や刺激に対して反応していることが示されるようになりました。出産前の研究としてベニーやケリー（Verney & Kelly、1981）では、さらに妊娠に対する受けとめ方でも大きく差ができることを挙げて、妊娠を望んでいる女性は、妊娠を望まない女性と比較すると、楽しい妊娠時間を過ごすことにつながり、母体においては健康でしかも健康な乳幼児を出産していることを示しています。しかも妊娠 5 か月に入ると、胎児は母親の声を認識し、父親との聴覚的なコミュニケーションを作ることができるようになることがわかってきました。これは心のふれあいをすでに 5 か月の胎児が始めていることを証明していることにつながります。ここで言えることはなによりも妊娠して親になることがどのようなことかという受け止めが大切で、この時期からの親子の関わりが始まっていることの大切さに驚かされます。

　妊娠中には身体の健康を含めた医療中心の支援となります。その一方で出産後は生活全体の課題に移行し、生活そのものが支援の対象となり、むしろ妊娠から継続し出産後の子育ての間の移行がスムーズに行われるための相談機関の連携が必要になります。

　そのため家族を支える経済的支援を視野に入れ、生活全体を見据えた対応と妊産婦の特徴に添ったきめ細かい支援が虐待予防に繋がると考えることができます。フィンランドで始まったネウボラの子育て支援が妊婦達に向けて定着した理由には、歴史が介在し、そこから始まっていたということを忘れてはなりません。

②愛着関係の重要性

　この時期の親子関係が貴重な愛着形成のスタートであるといってもよいでしょう。それは母親になる女性と父親になる男性が生まれてくる子どもとの絆を、しっかりとしたものへと関係性を変化させていく大切な通過点になるからです。この時期の重要性は、実際胎児が両親の関係性を敏感に感じ取り、両親から愛されていることや疎まれているなどの両

価性の感情を感じ取ることができるからです。ベニーやケリー（Verney & Kelly、1981）の研究で示される重要性は、家族を持つことや家族が増えることを心待ちにしている母親は、子どもの誕生を望んでいなかったり、家族が増えることに否定的な態度をとる母親に比べ、出産後の身体面や感情面では、健康な子どもを持つことができると報告しています。特に興味深いのは、子どもの誕生を心待ちにしていない「否定的な態度をとっている母親の女性（予備軍）」はその後の妊娠経過において、早産傾向になりやすく低体重児の出産や子どもが情緒的に不安定にあるなど、子どもの精神面に関してその後の成長に影響があると示されている点です。

　このように親子関係、特には母子関係における弊害に早産があげられています。早産は、将来育つべき臓器や身体機能・生理的機能が未熟のままこの世に生まれてしまうことになるからです。フォロデイとトンプソン（Froidi & Thompson、1985）は、未熟児で生まれた赤ちゃんには、通常備わっている本能的防衛対応や神経系の過剰な刺激が防げない状態にあるため、過剰に刺激され反応しやすいと指摘しています。しかもこれらの子どもの身体的特徴として胃腸系疾患にかかりやすく、過度のストレス状態におかれると抑制できず、その結果、暴力などの対人関係の問題や家族の問題を含め、個別的な支援の必要性が起きています。このように子どもの発達や健康に向けた課題が残される傾向があると指摘しています。さらにベニーやケリー（Verny & Kelly、1985）の調査では、具体的に1300人の子どもと家族から得られた調査で、葛藤が高い状況で結婚した女性には、身体的・精神的に被害を受けやすい子どものリスクが2.37倍あり、母親の影響を子どもが受けやすいことを示しています。またシュルマンやメクレア（Schulman & Mekler、1994）は安定性のある愛着が得られた子どもたちは、向社会的な行動の方向へ導くことができ、利己的で攻撃的な衝動が抑制され、自らの感情コントロールができるようになる準備ができると述べています。

母親と乳児の相互作用

① 4段階について

　ブラゼルトンとアルス（Brazelton & Als、1979）は、早期における母親と乳児の相互作用について4つの段階を示しています。

　第1段階として

　母親（養育者）は、乳児の欲求に同調的でいることを挙げ、共感の感覚を深めることが大切であると述べています。

　第2段階として

　注意と相互作用に持続の必要性を述べています。これは、乳児の示すメッセージをよく捉え、乳児の発信した伝達の受け手として、自らの能力を発揮して乳児の示す事柄に同調し、対応できる関係を作ることで、乳児とのやり取りができ、応答できることを掲げています。

　第3段階として

　親と乳児の関係性をとらえて、乳児の思いが何かを模索し、そこから乳児が何を訴えているかを広げていくことなど、親との相互関係の中で知り学ぶことが重要であると示しています。

　第4段階目として

　自律を挙げています。これは乳児が徐々に新たな世界に興味をもち探索をはじめ、周りの環境や社会的な関わり、そして状況に応えられるようになってくることを示しています。同時に乳児にとっては母親（養育者）の存在が重要になってくることや愛着感情が増してきます。そのため母親（養育者）は、乳児の示す愛着の欲求と芽生えてきている自律にむけて両方に寛容になることが大切になると示しています。またクライン（Cline、1992）は最初の1年間の愛着のサイクルを母親（養育者）の応答によって完成すると示しています。特に乳児が発する基本的な欲求が満足させられると、その成功感が得られることが重要であり、覚醒と不快感が緩和されます。そしてこれらの研究により、乳児には母親との信頼関係と安定性の基盤である愛着をしっかりと築く相互作用が大切であると明らかにしました。

　彼の示している最初の1年間の愛着のサイクルは、満足感をいかに体験し、得られるかということがあり、その関係性には安心感やリラクゼーションと欲求、覚醒、不快という様々な感情の循環が円環的になされていることを挙げています。

乳児の発達の特徴 ①

ア　身体的発達に関する視点（健やかにのびのび育つ）

　　　健康な心と体を育て、自ら健康で安全な生活を作り出す力の基礎を培うことで、あれ、これなど探索し、興味ある場所への移動行動と思いがつながります。

イ　社会的発達に関する視点（身近な人と気持ちが通じ合う）

　　　受容的・口頭的な関わりのもとで何かを伝えようとする意欲や身近な大人との信頼関係を育て、人と関わる力の基盤を培うことで保育者や母親（養育者）とのやりとりから、子どもには、思いを読み取れる（メンタライゼーション）の能力が培われます。

ウ　精神的発達に関する視点　（身近なものと関わり感性が育つ）

　　　身近な環境や好奇心を持って関わり、感じたことや考えたことを表現する力の基礎を培うことによって、関わることの快さを体験することにつながります。

0歳代から1歳代　2歳代の成長過程

　ずり這いから始まりハイハイにつながり、つかまり立ち、1歩、自分の足で歩き始める。そして元気よく走り、思いきって跳ぶなど運動機能が発達連続性を持って進化し発達します。また身辺自立も進み、自分でできることが増え、「自分で」という自我の芽生えが生まれ、自分でやりたい気持ちが育ってきて自己主張が強くなってきますが、その一方で言葉の表現が未熟であるため友人とトラブルになることも多いのがこの時期です。

乳児保育の発達特徴と保育指針 ②

　1歳以上3歳未満児

　発達的特徴と乳児保育の3つの視点と関連付けて対応で

　健康　人間関係　環境　言葉　表現　5領域によって保育内容が示されています。

　関連付けられた乳児保育は3歳未満児の生活と遊びを充実させることを通じて心身の発達を促す役割を果たしています。

　どうしても人間関係の関わりがうまくいかないなどの背景には、発達や精神疾患の問題を含み、初期の愛着関係の問題が深く関わってくると考えられます。

　4つの段階を整理して述べています。第1段階目では、母親が、乳児の欲求に母親自身答えることができ、同調的関係性が築けることと同時に共感的な感覚を乳児との間に作り、愛着関係につながると語っています。二段階目には、注意と相互作用の重要性を示し

ています。これは、乳児が示すメッセージに注意をより長く母親（養育者）が関わっていられるかを示しています。乳児の発信したメッセージを伝達の受け手としての母親（養育者）が受け止めているかという読み取り能力の必要性を明らかにしました。第三段階目では、限界設定を示し、両親と乳児の関係性を捉え、乳児の思いを受け止めつつ、やり取りを広げ、相互関係の中で乳児が他者について知り学ぶことができる関係性を作れるかを重要視しています。第四段階目では、乳児が徐々に新たなことに挑戦し、興味と状況を併せ、乳児期の親子の相互作用に視点を置いています。4 段階に分け整理することで改めて乳児時期の親子関係に必要な愛着形成をしっかりと築くことが大切であることが明らかになりました。

(1) 出生 1 か月の新生児の関わりと遊び

　乳児は母親（養育者）の声を子宮内で聞いて、出生後は自分に語りかける母親の声は懐かしい響きとして記憶しています。聴覚記憶として声の音色記憶で、乳児と母親間に作られるやり取りができます。その一方で母親の語り掛ける声に顔を向けてじっと聞き入り、聞いている様子からすでに子宮内で聞いていた声、その音色にふれ合うと同時に感じる匂いをも求めていることが分かりました。母親（養育者）の声とふれる温かさ、匂いに心地よさを感じるこの感覚に 1 か月の新生児は子宮内の記憶と同時に新しい世界との接点にいます。そのため、この時期のおもちゃは、母親として関係性を深めるための 1 つになります。新生児に一番必要なのは、母親（養育者）からの声がけと触れること、これこそが大切な関わりで、おもちゃを媒体として関わりが広がる段階になります。母親（養育者）の声に顔を向け差し出した指を握ること、また新生児が安心して眠れる温かくやわらかなタオル地のぬいぐるみもその代表例になります。

(2) 生後 4 カ月の乳児と遊び

　生後 4 カ月になると昼間の生活が定着して、起きて遊ぶことができるようになります。そのため昼は母親（養育者）の声の方向に顔を向け、乳児が喃語を出すことができるようになります。いろいろな話ができる（言葉）のスタートになります。また同時に昼の温かな時間を外に出て散歩をして、外の風を感じ、鳥を見てさえずる声を聞くなど、視覚、聴覚、体験すること全てが遊びになります。この時期特に首や手足、背中の筋力も付き、母親（養育者）の膝の上に座るだけでなく、膝の上で足を使い飛び跳ねるなど動かすことを

喜び、何度も繰り返して楽しい思いを表すこともできるようになります。傍にガラガラを見つけては手を伸ばし、掴むという1つの行動もとれ、持ち方が不十分で持ったおもちゃが頭に当たることもあります。さらに何でも口に入れてしまう時期で、手で握り口に持っていき、口に入れて舌で確認し、ふれる、聞く、見る、匂う、味わうなど五感を通じて確認していく時期になります。布製絵本は触れる感触、母親（養育者）の読む声、そして目に入る絵のいろいろ、さらに抱っこされた感触が得られる遊びの道具となります。

（3）生後6か月の乳児との関わりと遊び

　この時期赤ちゃんはめざましく発達し、遊びを通じてやり取りができ、コミュニケーションが取れるようになってきます。この時に必要な言葉のやりとりが重要です。母親の声に反応してコンタクトを取ることも大切な関わりです。母親の語り掛けに顔を向け応えるなど、この時期の特徴は母親に向け要求をし、期待と予想から新たな知識がついていきます。感情も豊かになり、うれしい、寂しい、悲しいという様々な思いを表すようになります。どのような泣き方をしているかを、赤ちゃんの様子を見て対応していくことを通じて母親は赤ちゃんの気持ちが分かるようになってきます。4ケ月ごろに使って遊んでいたオーボールや円形布製ボール等をさらに継続して遊び、握り、転がすなどを繰り返して遊びを楽しみます。両手を使いつかむこともでき、それを口に入れて確認するようになります。また首が据わり赤ちゃんを支えると膝の上に座れるようになり、母親の膝に座り色も見分けられるこの時期から、母親と赤ちゃん用の絵本を見たりすることも楽しみの1つになります。

（4）9月の赤ちゃんと遊び

　このころになると、持っている音の出るおもちゃやボール、車などに興味を持って一人で遊べるようになります。一人で集中して夢中になって遊びを繰り返して行います。そのため繰り返し同じ遊びを続けます。また発達にも変化が出てくる時期で、歩く準備段階に入ります。ハイハイの練習でお尻を高く上げ、バランスを取る動きをよくします。さらにテーブルに手をかけながら、つかまり立ちを始める動きが出てくる時期となります。動くことを楽しむようになり、おもちゃも小さいボールを両手で捉え、転がすと転がした方向に喜んで向きを変えて動きます。この遊びを繰り返していくと動きの距離が伸び活発になります。さらにこの時期よく言われることは、何気なくおいたティッシュの箱に興味を持

ち。中身を全部出してしまうことがあります。興味を持ったことへの関心、集中度とともにあらかじめ大切なものや触られたくないものは、手の届かないところに置くなどの配慮が必要です。何にでも興味を持つため、いろんなものを口に入れてしまう危険性があります。タバコ、薬、コイン、アクセサリー、電池など誤飲の危険性にも配慮して遊ぶことが大切です。

事例12

育児不安の強い母親への支援

　家族構成　母親 20 代前半　本児 X 男　２歳　母親との２人暮らしをしています。
　生計は母親のパート収入で、経済的には苦しい状況が続いています。母親は保育所送迎時にテキパキと行動ができない X 男に腹を立てて、怒鳴り散らしていることが多く、何度かその状況を保育者に目撃されていました。母親の仕事が遊技場のパートで時間給であることと時間的には不定期であるため、朝遅く連れてきたかと思えば、お迎えの時間に遅れるなど、母親自身時間にルーズなところがあり、お迎えの時間に遅れてきては、保育者にその言い訳を言い、保育者もいささかこの母親への対応に苦慮しているところがありました。母親の様子を見ると顔を洗わず、上下のスウェットにサンダルということも多く、X 男の服装が汚れたままでの登所も何度か確認されていました。そのため担当保育者から「お母さんへお話をしたいと思いますので、都合の良い時間をお知らせください」と連絡をしても、保育者の意向を無視し、挨拶もしなければ話もしないことが度々ありました。X 男と二人暮らしですが、まだ離婚しておらず、父親が来ては朝まで大喧嘩をしていることがありました。父親はすでに別のところに女性がおり、母親との離婚を望んでいましたが、母親がそれを認めない状況で話がこじれていました。二人になった親子に母親の実家の祖父母は X 男をかわいがり、X 男も祖母になつき、母親の調子が悪い日や仕事の関係で送迎できないときはほとんど祖母が X 男の面倒をみる状況になっていました。普段穏やかな X 男ですが、保育所でおもちゃの取り合いなど、自分が不利な立場になるととたんに大騒ぎになり、些細なことで喧嘩が見られることもありました。それを母親は怒鳴るように叱り、X 男は顔を腫らして保育所に登所することも出てくるようになりました。祖母は母親の器質を十分知っており、一度決めたらだれが何を注意しても言うことを聞かない。父

親が離れてしまう理由もあると客観的に母親の行動を見ていました。今回の親子の問題の根底には、夫婦間の問題が深く関係しており、そのあおりを受けた形でX男がいることが様子から理解できました。母親のいら立ちと生活そのものを安定させるためには、母親自身を受け入れていくことが必要と判断し、虐待予防を視野に入れた保健センターに連絡をし、保健師との関わりをつなぐ役割を保育者が行うことと児童相談所への報告と子どものけが対応に向け、祖母をキーパーソンとする関わりを考えていくことを検討しました。

　保健センターでは父親に向けた怒りが爆発し、出ていった父親への不満に対応する状況でしたが、精神科医を入れた臨床心理士による相談や母親自身の割りきれない思いを十分聞くことで解消していきました。X男に関してはケガの状況によっては児童相談所の一時保護を考えましたが、祖母がX男を祖母宅でみるなど、母親の不安定な状況には祖母が対応することで回避することができました。

　育児不安と言ってもそれぞれその家族の状況によって異なります。結婚を急ぎ子どもを出産した上で家庭をうまく作ることができなかった親子でしたが、2人の生活を軸に徐々に生活の立て直しができた事例でした。

事例13

家庭環境が不安定な家族への支援

　家族構成　父親　父方祖父　父方祖母　本児4歳Y男の4人家族

　結婚当初より、母親に買い物依存症とギャンブル依存症があり、父親の給料がすぐになくなってしまうということがありました。祖父母は母親の依存症を更生させようと何度か病院や依存症の会などに参加させ、解決に向けて支援をしていましたが、どうしても依存症が治らず、Y男4歳の時に協議離婚をしました。親権は父親がとり、父親、そして父親の実家の祖父母との生活が始まりました。実際の生活では祖父母が支援することで何とか生活は維持できていましたが、保育所関係、Y男の世話を含めるとかなりの負担が父親にのしかかり、父親が急性胃潰瘍で緊急入院をするなど、かなりのひずみが父親に出てきていました。体格の良かった父親ですが、胃潰瘍の入院で15キロ近くやせてしまい、仕事にも支障が出てくるようになっていきました。そのころに仕事関係で知り合った女性と恋愛関係になり、父親に恋人ができました。そ

れを機に父親は元気になりましたが、問題は Y 男の養育をどのようにするか、父方祖父母との間にかなりの話し合いが必要になりました。父親にできた恋人は一回り年齢が下であることや 4 歳の子どもを引き取って育てていく意向はなく、父親と女性との 2 人の生活を望んでいました。そのころから Y 男が保育所で荒れだし、給食中ではテーブルに足を上げ暴言を吐き、まわりの子どもが Y 男を恐れてしまうことがたびたび見られるようになりました。この状態を保育者から父親と父方祖父母に伝えると、父親が保育所に来て Y 男の実際を見学していき、Y 男を自分のところには引き取れないと結論を出してしまいました。祖父母はいつまでもこの状況であるならば、自分たちにも手に負えなくなるため、施設に入所させたいという意向も出され、Y 男の人生においても様々な課題が出されるようになりました。一度 4 人で話し合いたいと父方祖父母から父親と交際中の女性を入れて、Y 男と一緒に父方祖父母宅で食事会をすることになりました。すると Y 男が女性に興味を持ち、近づくと 2 人で絵本を見たりいろいろな話ができることが関わりから分かり、2 人の関係性を時間をかけて見守ることがよいのではという話になり、たびたび父方祖父母宅に女性が遊びに来るようになりました。保育所では少しずつではありますが、荒れる様子がなくなり普通の子どもの様子に戻っていきました。約 1 年間の関わりをしたのち、Y 男が小学校に入学すると同時に父親の再婚が決まり、Y 男にも新しい母親ができ、祖父母宅から父親、新たな母親、Y 男の 3 人の家族を作ることになりました。

地域子育て支援　親子ふれあい教室

　乳幼児の養育問題が複雑化する中で、抱える問題も多様化してきました。しかもこのような問題を含めた解決方法には、それぞれの持つ職種の専門家によって対応することが必要になっています。第8章では、複雑化する問題解決をするために、様々な領域の専門職とコラボレーションして取り組んできたことについて触れたいと思います。親子ふれあい教室での出会いがありました。

I　育児不安を抱える支援から

　養育問題の1つに母親が実際に育児で感じる「育てにくい子ども」ということがあります。その背景には夜泣きをして、母親が眠れないことも挙げられます。また低体重児で食が細く、身体の発達状況や栄養面への不安が生じています。神経質で眠りが浅く、物音に敏感で些細なことでも泣いてしまうことや、病気がちでしょっちゅう熱を出し病院通いがあり、障害を持って生まれてきてしまったなど、様々な要因が挙げられます。この要因の中で、上手に育児を行える母親と育児困難をきたしやすい母親がおり、支援しなければならない育児不安が強く育児困難をきたしやすい母親を対象に、不安や悩み等を話し合うための、母親同士が集まり語り合える場と、親子が関わり遊びを体験できる場の提供と地域の専門家である小児科医、臨床心理士、保育者、ソーシャルワーカー、児童福祉施設の職員、保健師というメンバーで対応し、個別面接や、仲間同士でグループミーティングができるように親子ふれあい教室を作り支援を実施していくことをしました。地域に在住する小児科医、臨床心理士、ソーシャルワーカー、保育者、保健師が一体になり母親の育児不安の解消と親子の関わりが健全なものに作り変えられるように、親子の絆つくりと関係性が好転していくことを願って支援した取り組みです。特に今回示した問題の背景には、育児不安群に入っている母親には虐待傾向があり、このまま放置することで問題が複雑化していく傾向が見えたので、親子については細心の留意を行い、これ以上問題を深刻化せず未然に防ぐ手立てを講じることが、課題に挙げられていました。問題の軽減と母親が示す

ハイリスクからリスクを下げること、そして児童虐待などの不適切な関わりを無くしていくことが急務の支援になっていました。

　対象となる母親の状態が孤立し、母親自身が精神的に決して安定したものではなく、親子を安心してみられる状況でなかったことがありました。しかも保健師が実際１歳６か月検診後の状態を把握し、関わりにつながったことはこの取り組みに大きな意味があったと言えます。

　母親の置かれた環境を含め環境調整や問題解決に向けた支援を、なによりも親子間の問題が複雑化し、深刻化しないようにすることが大切であると考えました。

　そのためにも母親の精神的な支えを行うと同時に、精神的な支えを得られるように支援できる環境を提供することを考え、個々の抱える家族背景や家族の人間関係等を探りその関係性をどのように構築していくかなどにも注力しました。この取り組みを実施するにあたり、けっこう困難である親子にも遭遇しました。対象となった母親と子どもは、地域の１歳６か月検診を受けに来た際、保健師による問診並びに保健機関の乳幼児虐待リスクアセスメント指標を参照し、得られたハイリスクの母親と子どもでした。この親子の中には、国際結婚で日本に来た外国籍の母親と子どもや、低体重児出産による母親と子ども、また明らかに将来障害を持つであろうと予想された子どもとその親、多産（双子）出産等、普通の育児とは少し異なる支援が必要な親子が入っていました。

　育児不安を持つ親などのグループミーティングを開催させることができました。参加してきた親には育児不安の不安因子が高く、育児不安解消と問題解決に向けた支援を行いながら、その一方で支援に繋がらない母親が多いことも実感しました。

　親子ふれあい教室の実施場所として比較的家族の多い世帯が集まるＴ市（新興住宅地）とＷ地区（三世代同居地域）の２か所を選び、この地域における検診と相談などを行う福祉関係機関から、なんらかの相談があり対応した方がよいと判断された親子を選んで参加させることにしました。

　実際の検診場面から把握された「育児不安を抱える親とその子ども（就学前）」を対象にした調査では、予想に反してハイリスクを伴う親子を大勢見つけることができました。

　この調査では、他の人が見ていて、明らかに育児不安を抱えていると思われる親子や個別的な育児支援が頻回に必要である親子が対象となりました。

　地域の特性として母親が外国人である場合を含めた中には、育児文化が異なり、こどもの栄養面での発達や身体の発達から明らかに支援が必要であり、この場合、特に母親の精

神的フォローアップに合わせて生活基盤とする母国の文化と日本の文化をいかに取り入れていくかが課題として出され、国際結婚の難しさや、そのはざまにいる子どもの成長を見守る支援の方向性がなかなか見いだせずにいたことなど、地域の抱える問題とそこで暮らす親子の問題が重なり、対応がとても複雑化していました。

Ⅱ　親子ふれあい教室に参加して

アンケート結果

1.　体調についてはほとんどが「よくない」「疲れやすい」と重複した回答が多くありました。「疲れやすい」の中には「眠れない」という回答も多いことがわかりました。

2.　気持ちの状態について
「よくない」が多く、「不安になる」が示されました。

3.　妊娠を知った時の気持ちでは、「予想外で驚いたが、うれしかった」が多く「困った」「予想外の出来事で驚き戸惑った」「うれしかった」が示されました。

4.　出産した後の気持ちについては「うれしかった」「苦しかった」が示されました。

5.　子どもの生活については、「よくいらいらしている」「負担が増えて疲れる」「自分の自由な時間が無くなり苦痛になっている」「子どもがかわいいと思えずに不安がある」が示されました。

6.　育児をする中での迷いや悩んだことについては、「育児に自信が持てずよく悩む」「育て方がわからない」「泣いている時の対処法がわからない」「あやし方がわからない」「子どもを持つ親同士の付き合い方がわからない」「舅姑との育児方針が合わない」が示されました。

7.　お子さんはどのようなお子さんですかという問いには「手がかかりやすい」が大半の母親が示す回答でした。

8.　お子さんについて心配事はありますかについては、「心配がある」「夜泣き」「乱暴」「言葉の遅れ」が示されました。

9.　あなたが悩んでいる時、相談にのってくれる機関や人はいますかでは「誰もいない」「行政の保健師」「かかりつけの医者」「友人」「実家の母」「電話相談で相談」という回答が示されました。

10.　あなたが困っている時に協力をお願いできる機関や人はいますかでは、「友人」「配偶

者」「誰もいない」「行政サービス」が示されました。

11. 育児支援サービス（育児相談、育児グループ、児童館活動、保育所園庭開放など）の
　　利用については、「すすめられたら考える」が多く、「活動したくない」「もともと外に
　　出ていくことが苦手」「あまり人付き合いが得意ではないので」という回答が示されま
　　した。

12. あなた自身は子どもの頃から愛情を受けて育ったという実感がありますか、について
　　は、「なんとなくある」「あまりない」「ある」が回答で示されました。

13. 現在困っていることはありますかについては「育児に対する協力が得られない」「育
　　児方針が違う」「協力してもらうためにはどのようにお願いしたらいいかがわからない」

14. 今回の妊娠でついては「自然に妊娠した」が大半を占める回答でした。

15. 自由記述では親子ふれあい教室で相談したいことがあり、相談したいと思っている。
　　相談できた。相談相手には医師、保健師、保育士が示され、こどもの発達と同時に母親
　　自身の健康状態や精神的な問題を含んだ相談をしたいということが示されました。

　育児不安は誰しも多少なりと持つものですが、低体重児の出産や双子の出産で、通常の
育児よりもはるかに大きな育児不安が母親に起きていることがわかりました。特にリスク
アセスメントの数値が高かった国際結婚の母親は、文化も異なり日本の環境に適応できて
おらずそのまま出産を迎えていました。言葉の壁が大きく、自分の思いを伝える相談相手
が、周りにおらず、夫に頼らざるを得ない状況の中で、一人不安を抱えながら悩み家から
出られなくなっていました。母親の精神状況が不安定な中、さらに負担が数倍超えて母親
にのしかかり、母親は一人で孤軍奮闘し出産から育児という流れの中で、日々孤独に過ご
していることがわかりました。専門家である医師や保健師の相談を強化していくことが重
要と考えられます。親子が遊びに来られる場所と不安を受け止めてくれる専門スタッフ、
そして同じ遊びに来る親子の仲間に支えられ「親子ふれあい教室」が悩みを抱える母親
（養育者）たちの相談場所になっていました。

　専門家によるコラボレーションを軸に「親子ふれあい教室」の展開が必要となります。

おわりに

　この本を出版するにあたり、長い間、たくさんの問題を抱えた子どもたち、そしてお母さんたちとの出会いと別れがありました。

　出会ってきたお母さんたちは今や立派な母親となり、しっかりと子育てができる状況になりました。当時は「上手に子どもと関われない」「子どもをあやすことができない」「うまく育てることができない」と涙ながらに訴えていました。

　当時のお母さんたちの背景には家族がいて、経済的な問題や心理的な問題を抱えていることも知りました。

　私が相談を受けた内容には、深刻で複雑な問題を抱えている家族が多く、子どもだけのアプローチでは簡単に解決できるような問題ではなかったものばかりでした。家族関係や家族内の問題が複雑に絡みあうと、そこにはマイナスの感情が高まり、問題の本質を別の形に変化させ複雑にしてしまい、本来直視すべき家族の問題が子どもに降りかかってしまうことも知りました。子どもだけに焦点を向けるのではなく、親や家族に向けた対応策が必要でした。日々の問題から抜け出そうともがいているのも家族で親でした。

　児童虐待が増える中で養育された子どもも心の問題を抱えて生きています。

　子どもが訴える心のサインを読み取り、家族に向けた支援ができる保育者が必要です。

　これからも児童虐待防止に向け、支援ができる保育者養成を目指していきたいと考えています。

　この書籍の制作にあたっていただいた風詠社の皆様に、心より感謝申し上げます。

2023 年 1 月

著者プロフィール

千葉 千恵美（ちば ちえみ）Chiba Chiemi

秋田県出身　1958 年 2 月 1 日生まれ

学歴／関東学院大学文学部社会学科　卒業（文学士）、東北福祉大学社会学専攻社会福祉学研究科修了（社会学修士）、高崎健康福祉大学健康福祉学専攻保健福祉学博士課程後期　修了（保健福祉学博士）

職歴／仙台市立黒松保育所　保育士、東北福祉大学総合福祉学部助手　社会福祉相談室兼務　相談員、東北文化学園専門学校社会福祉学科　科長、福島学院大学短期大学部保育科一部兼務社会福祉専攻科講師、東北生活文化大学家政学部家政学科・短期大学部兼務　講師、高崎健康福祉大学短期大学部児童福祉学科　助教授　同子ども・家族支援センター相談員、高崎健康福祉大学短期大学部児童福祉学科　教授、高崎健康福祉大学人間発達学部子ども教育学科　教授　同子ども・家族支援センター副センター長、高崎健康福祉大学健康福祉学部保健福祉学専攻博士課程前期　教授、高崎健康福祉大学健康福祉学部保健福祉学専攻博士課程後期　教授、2020 年 4 月　同子ども・家族支援センター　センター長就任

乳幼児保育と子育て支援　改訂版

2023 年 2 月 25 日　第 1 刷発行

著　者　千葉千恵美
発行人　大杉　剛
発行所　株式会社 風詠社
〒 553-0001　大阪市福島区海老江 5-2-2
大拓ビル 5 - 7 階
℡ 06（6136）8657　https://fueisha.com/
発売元　株式会社 星雲社
（共同出版社・流通責任出版社）
〒 112-0005　東京都文京区水道 1-3-30
℡ 03（3868）3275
印刷・製本　シナノ印刷株式会社
©Chiemi Chiba 2023, Printed in Japan.
ISBN978-4-434-31690-6 C3037

乱丁・落丁本は風詠社宛にお送りください。お取り替えいたします。